Warum nur Krieg?

Christoph Seidler

Warum nur Krieg?

Einsichten und Ansichten
eines Psychoanalytikers

Mit einem Geleitwort von Robi Friedman

Mattes Verlag Heidelberg

Bibliographische Information Der Deutschen Bibliothek

Die Deutsche Bibliothek verzeichnet diese Publikation
in der Deutschen Nationalbibliographie; detaillierte
bibliographische Daten sind im Internet über
http://dnb.ddb.de abrufbar.

ISBN 978-3-86809-169-4

Mattes Verlag 2021
Hergestellt in Deutschland

Inhalt

Geleitwort von Robi Friedman

Liebe den Frieden und jage ihm nach.

Mischna, Sprüche der Väter 1,12

Als junger Kommandant wurde ich im Jahr 1966 aufgefordert, jeden Tag zu planen, wie man die Golanhöhen von den Syrern erobern kann. Wir hatten im Norden schon vor dem Sechstagekrieg eine Art Krieg „auf kleinem Feuer". Alle paar Tage schossen syrische Soldaten von den Hügeln der Golanhöhen auf einen Traktor, der die Felder eines Kibbuz an der Grenze bearbeiten wollte. Wir haben dann heftig zurückgeschossen. Heute, nach etlichen kriegerischen Auseinandersetzungen während der dreißig Jahre, in welchen ich diente, meine ich: Wir sollten uns jeden Tag daran erinnern, was ein Krieg ist, und planen, wie man ihn verhindern kann.

Christoph Seidler ist ein Friedensjäger. Mithilfe von psychoanalytischen und gruppenanalytischen Methoden versucht er, tiefer in die Dynamik der Kriegsvorbereitung einzudringen und Wege zu suchen, Krieg zu verhindern. Dabei bedient sich Seidler der Konzepte, die nicht nur das Intrapsychische betrachten, sondern den Menschen in Beziehung – und ganze Prozesse in Gesellschaften. *Vamik Volkans Großgruppe*, bei der eine Nation oder ein Teil der Bevölkerung gemeint ist, ist so ein Konzept. Die *gruppenanalytische Matrix*, deren Kultur zwischen den Frauen, Männern und Kindern in der Gesellschaft kommuniziert wird und sie auch wesentlich beeinflusst, ist ein weiteres. Mein Konzept der *Soldatenmatrix* wird oft miteinbezogen, was mich sehr freut. Jeder Kultur, jeder Gesellschaft wohnt diese Matrix latent inne, die über Hunderte von Jahren der Kriegstreiberei vererbt wurde. In der Gruppenanalyse nennt man das eine *Grundlagenmatrix*, die ähnlich der DNA „gegeben" ist. Wenn dieses versteckte Potenzial wegen eines drohenden Traumas oder versprochenen Ruhmes zutage tritt, wird es zu dieser spezifischen dynamischen Matrix, der Soldatenmatrix. So kam es im Zweiten Weltkrieg zu einer deutschen Soldatenmatrix – oder heutzutage zu einer israelischen Soldatenmatrix, die ihren eigenen Charakter hat und die alle Zivilisten und das Militär als Teile dieser besonderen Gesellschaft beeinflusst.

Christoph Seidler beschreibt tiefgründig, wie es im und durch Krieg zu neuen Arten von Beziehungen und *Beziehungsstörungen* kommt. Zum Beispiel beschreibt er, wie in der deutschen Soldatenmatrix zur Selbstlosigkeit aufgefordert wurde. Er zeichnet den Prozess auf, wie der Krieg zu immer weniger Empathie für Andere führt, zusammen mit dem Verschwinden von Scham und Schuld. Seine *persönlichen Erfahrungen* mit kriegsnahen Situationen in der DDR sind besonders interessant und im Text lebendig integriert. Es zeigt sich, wie Persönliches mit Sozialem so verwoben ist, dass man es gar nicht auseinanderhalten kann. Das zeigt sich zum Beispiel in der Empörung über den Einfluss der Propaganda durch Lügen und Großgruppenidentifizierungen auf das Individuum in Krieg und Frieden. Man merkt, Christoph Seidler hat mit diesen Gefühlen lange gerungen. Ich kann ihm das gut nachfühlen. Ich habe nach meiner Kriegsteilnahme viele Jahre gebraucht, bis ich mit Palästinensern zusammensitzen und den Dialog suchen, bis ich einem „Feind" meine Hand reichen konnte.

Ich finde Christoph Seidlers Texte und (Ein-)Sichten für alle Leser außergewöhnlich herausfordernd, etwa wenn er davon spricht, dass mehr Frauen die Welt des Krieges beeinflussen sollten. Ich bin mit dem Autor einig, dass menschliche *Beziehungen* für Kriegssituationen verantwortlich sind und nicht einzelne Personen. Unter den Beziehungsstörungen, die er nennt, erscheint wieder ein wichtiger und hier oft benutzter altneuer Begriff: „Identifikation mit dem Angreifer". Kriegstraumatisierungen nennt er „Einschüsse" auf Menschen und ihre Beziehungen. Tatsächlich erleben posttraumatische Soldaten ihre Alpträume als „Einschüsse".

Die Definitionen von *psychotraumatischen Beziehungsstörungen*, von *Beziehungsstörungen mit der Autorität* und von *„Beziehungslosigkeit" als toxische Beziehungsstörung* sehe ich als wichtige und erfrischende Neuerungen an im Umgang mit Trauma, Psychopathologie und auch Therapie. Alle diese Beziehungsstörungen sprechen vom Einfluss der Anderen auf den Einzelnen, sei es die Familie, die Gruppenzugehörigkeit von der Adoleszenz an oder die Gemeinschaft und vor allem die „Großgruppe" im Sinne von Vamik Volkan. Mit anderen Worten, Tausende und Millionen von Menschen mit bewussten und unbewussten kollektiven Einstellungen formieren und beeinflussen die Identität und Einstellungen aller Bürger.

Besonders eindrücklich sind die Unterkapitel, wo einige *Beispiele der totalen Dehumanisierung der deutschen Soldaten* am Kriegsende aufgezeichnet sind. In den Geschichten von Dresden-Breslau, der Erhängung von jüdischen Kindern im Bullenhuser Damm zwei Wochen vor Kriegsende wie auch von anderen Gräueltaten in Oranienburg und Hartberg/Steiermark wird das Grauen des Krieges plastisch vorgeführt.

Wichtig scheint mir auch, dass Menschen am besten in den Beziehungen geheilt werden, in denen sie krank wurden. Weil nicht alles in der Einzeltherapie optimal behandelt werden kann, hilft oft die Teilnahme an Klein- und Großgruppen im gruppenanalytischen Sinne weiter. In Großgruppen besteht die Möglichkeit, Einsichten und Aussichten zu nutzen, um dort mit neuen Einflüssen auf Einstellungen und Beziehungsmöglichkeiten in sozialen Beziehungen zu spielen und sich auszuprobieren.

Mit diesem Buch hat der Autor ein Modell geschaffen – nicht nur des Kampfes gegen den Krieg, sondern auch einer *Investition in die Friedensforschung*, dem ich gut folgen kann.

Haifa, im Februar 2021   *Robi Friedman*

Dr. Robi Friedman, Gruppenanalytiker, Klinischer Psychologe, Past President der Group Analytic Society International. Er ist Dozent an der Haifa University. Gemeinsam mit Vamik Volkan und Lord John Alderdice ist er Mitverantwortlicher der International Dialogue Initiative (IDI).

Über dieses Buch

Manche meiner Patienten leiden noch heute, Generationen nach dem Zweiten Weltkrieg, unter den Verbrechen und Schrecken dieses Krieges. Ihr Leid hat mich dazu angestiftet, über den Krieg und seine psychosozialen Bedingungen und Folgen nachzudenken, zu referieren und zu diskutieren. Jetzt war es an der Zeit, mein „Antikriegsbuch" zu schreiben.

Das Gebot „Du sollst nicht töten" gibt es in allen Religionen. Könnte dieses Gebot nicht zum Grundgesetz jeder Kultur erhoben werden?[1] Dann würden sich sofort zentrale Fragen viel dringender stellen. Keiner will Krieg. Wieso gibt es ihn trotzdem immer wieder? Wie bringt man Menschen dazu, andere Menschen zu töten? Wieso ist Töten manchmal Mord und manchmal eine Heldentat? Wie wird ein Volk in den Krieg getrieben? Was wissen wir über die Folgen der Kriege? Wo stehen wir heute und hier in Deutschland?

Heute und hier, Sommer 2021: Die Coronakrise brachte vieles an den Tag: Wir haben in einer neoliberal globalisierenden Fortschrittsgläubigkeit und Unrast die Hälfte der Menschheit vergessen und unsere Erde in einer grandiosen Verantwortungslosigkeit ausgebeutet. Der Klimawandel gefährdet die Schöpfung. Die Entwurzelung der Menschen ist weltumspannend, Globalisierung und Migration führen zur Deterritorialisierung, man könnte das auch eine große Heimatlosigkeit nennen. Die Balance zwischen Individualisierung und Bezogenheit ist aus den Fugen. Unser überfordertes Ich fühlt sich einsam und beziehungslos. Die Führungsmacht USA taumelt. Der Krieg in Afghanistan und sein desaströses Ende zeigen alle Torheiten des Krieges wie in einem Zeitraffer und denunzieren die Demokratie-Idee. Politik und Diplomatie versa-

---

[1] Diese Idee stammt von meinem Kollegen Martin Reinhardt.

gen, auch die deutsche, in ihrer verhängnisvollen Satrapie von den USA. Anstatt sich diesem Versagen zu stellen, fordern Politiker nun dringend eine Bewaffnung der Drohnen. Uns erfassen Angst, Schuld, Scham und Sühne – oder eine große Sehnsucht.

Während dieser Krisen gibt es auch eine Aufbruchstimmung, vielleicht endlich doch kein Weiterso? Es gibt Hoffnungen und Enttäuschungen, viele kluge Ideen junger Leute, aber ob die es wollen oder nicht: Die Erfahrungen unserer Generation müssen sie kennen. Für mich ist das jetzt der Zeitpunkt, an dem ich mich einmische. Außer an meine psychotherapeutischen und psychoanalytischen Kollegen wende ich mich mit meinen beruflichen und persönlichen Erfahrungen auch an Sozialwissenschaftler, Historiker und alle, die am So-Sein der Menschen interessiert sind.

2002 erschien *Der Krieg und seine psychosozialen Funktionen* von Stavros Mentzos in zweiter Auflage. Im Vorwort äußert Mentzos den traurigen Gedanken, dass in den zehn Jahren nach Erscheinen der Erstauflage quasi experimentell „die Positionen und Hypothesen zur Dynamik des Krieges" überprüft werden konnten. „Alles ist noch gültig", sagte er bei der Buchpremiere in unserem psychoanalytischen Institut in Berlin[2] am 19. März 2003. Dort wurde heiß diskutiert, der Hörsaal war übervoll. Es lag etwas in der Luft. Tatsächlich begann der Zweite Irakkrieg am nächsten Tag, am 20. März 2003, mit der Bombardierung ausgewählter Ziele in Bagdad, und er führte zur Eroberung der Hauptstadt, zum Sturz des damaligen irakischen Diktators Saddam Hussein und schließlich zu dessen Tod. Dadurch wurde der hochgerüstete und gut ausgebildete Geheimdienst des Diktators entfesselt: Der „Islamische Staat" gründete sich. Der Terror überzog nicht nur den Nahen Osten.

Mentzos' Buch hat bis heute seine volle Gültigkeit behalten. Alles wie gehabt – und die Entwicklung geht weiter. Ich will das nicht leiden!

Seit Ende des Zweiten Weltkriegs gibt es nicht einen Tag auf der Erde ohne Krieg. Das ist zum Verzweifeln. Neu ist: Die moderne Kriegsführung mit ihrer Präzisionstechnik ermöglicht immer mehr anonymes Töten. Drohnen, gezielte Luftangriffe, Tötungen auf Distanz, je größer die Distanz, desto leichter das Töten. Der IS-Chef Abu Bakr al-Baghdadi wurde von einem US-Spezialkommando in Syrien getötet. Du

---

[2] Arbeitsgemeinschaft für Psychoanalyse und Psychotherapie Berlin e. V. (APB).

sollst nicht töten! Neu ist auch, dass in den letzten zwanzig Jahren der demokratische Westen Kriege begonnen und Kriegsverbrechen begangen hat, die viel Unglück brachten. Das ist nicht einfach hinzunehmen. Ich traue der Demokratie mehr zu.

Der Krieg als Werk der Kultur

Der oft zitierte Brief Sigmund Freuds an Albert Einstein „Warum Krieg?" von 1932 endet mit den Worten: „Alles, was die Kulturentwicklung fördert, arbeitet auch gegen den Krieg."[3] Dieser letzte Satz klingt hoffnungsvoll und ist doch irreführend. Lange wurden Kriege in der Psychoanalyse mit dem Aggressionstrieb des Menschen erklärt: „Der Todestrieb wird zum Destruktionstrieb, wenn er gegen die Objekte gerichtet wird."[4] Kultur wird hier als Gegensatz zur Natur gesehen; Frieden und Krieg liegen aber nicht in der Natur des Menschen, sondern sind Werke der Kultur.

Was ist Krieg?

Krieg ist ein geplanter und organisierter Waffengang zwischen autonomen Gruppen, an dem das Individuum unpersönlich und ohne den Antrieb durch eigene Motive teilnimmt. Gewalttätigkeit zwischen Einzelnen oder Fraktionen innerhalb einer Lokalgruppe fällt nicht darunter, ebenso wenig wie Fehde oder Blutrache. Ein weiterer wesentlicher Aspekt des Krieges ist die zumindest von einer der Kriegsparteien akzeptierte Legitimation der Gewalt. Im Krieg darf also getötet werden, ohne dass dies als Mord betrachtet wird.[5]

So definierte Kriege gibt es erst seit der Jungsteinzeit. Bis dahin gab es Aggressionen aller Art, die aber eminent persönlich motiviert waren: Überfälle, Freibeuterei, Kaperwesen, Korsarentum, Piratentum. Mit der

[3] S. Freud 1932, S. 27.
[4] Ebd.
[5] Meller u. a. 2015, S. 11.

Sesshaftwerdung in der Jungsteinzeit (Neolithikum) ist eine neue Epoche der Menschheitsgeschichte eingeleitet, deren Beginn wir in Mittel- und Westeuropa mit dem Übergang von Jäger- und Sammlerkulturen zu Bauern mit domestizierten Tieren und Pflanzen definieren. Von dieser Zeit an (vor rund 7000 Jahren – bei 2,5 Millionen Jahren Menschheitsgeschichte ein kurzer Zeitraum) entstehen territoriale und materielle Besitzanhäufungen und in deren Folge Machtkonzentration und Gesellschaftsgliederung. Spätestens seitdem versucht die Menschheit, ihr Zusammenleben in größeren Gruppen – Großfamilien, Stämmen, Völkern und bald auch Religionsgemeinschaften usw. – irgendwie zu organisieren, zu behaupten und zu verteidigen. Die ersten Armeen werden aufgestellt. Erst von nun an gibt es Kriege – und Frieden. Im Krieg ist das Töten Heldentum und nicht Mord.

„Von deutschem Boden darf nie wieder ein Krieg ausgehen"

Große Worte, große Vorsätze, große Hoffnungen, denen viele von uns bis heute mit großem Ernst anhängen. Seit 75 Jahren gibt es keinen Krieg mehr in Deutschland. Das ist ein Glücksfall der Geschichte. Diese lange Friedensperiode lässt erstmalig die Folgen über Generationen hinweg erkennen. Und die sind erheblich. Bis dahin haben immer neue Kriege immer neue Wunden geschlagen. Nun werden die Wunden des Krieges auch noch lange nach dem Krieg und das Ausmaß der Schrecken des Krieges immer deutlicher sichtbar. Und damit wächst auch die Verantwortung für Frieden. Längst sind einige Methoden aufgedeckt, mit denen Völker in den Krieg getrieben werden. Sie funktionieren aber weiter. Und nicht etwa nur in Diktaturen oder totalitären Systemen, sondern auch in gut funktionierenden „Demokratien", unter den Augen ausgewiesener Demokraten und sogar bei uns gebrannten Kriegskindern.

Welche Kräfte sind da im Spiel? Dieser Frage will ich von gruppenanalytischen und psychoanalytischen Positionen aus nachgehen. Die will ich an dieser Stelle nur umreißen, von denen aus werde ich argumentieren und von denen nehme ich an, etwas Neues zur Diskussion beitragen zu können. Ich werde sie an Beispielen konkretisieren. Zunächst nur so weit: Es sieht so aus, als seien im genetischen Material und in der Beziehungsgeschichte der Menschheit all die Erfahrungen von Familie, Großfamilie, Stammesgesellschaft eingewebt und jederzeit zu reaktivieren.

Der Begründer der Gruppenanalyse S. H. Foulkes spricht in diesem Zusammenhang von „Grundlagenmatrix" – neben einer „dynamischen Matrix", die z. B. in einer Therapiegruppe existiert, und einer „individuellen Matrix", dem Niederschlag der Matrix im Individuum. Foulkes versteht unter „Matrix" das Beziehungsgeflecht, aus dem wir kommen und in dem wir leben – vice versa –, ohne das es uns Menschen nicht gäbe. Beziehungen begründen unsere Existenz. Die Matrix großer Gruppen, bis hin zu Nationen, kann sich „wie auf Knopfdruck" verändern, wenn ein Krieg ausgerufen wird. Robi Friedman nennt dieses Geschehen „Soldatenmatrix". Diese Metapher wird im Buch in den unterschiedlichen Ausformungen eine große Rolle spielen wie auch neue, umfassende, aufschlussreiche Sichtweisen der Gruppenanalyse.

Beziehungen sind ganz zentral mit Emotionen verbunden – Gefühle sind auch soziale Ereignisse. Beziehungserfahrungen sind weitgehend unbewusst. Beziehungen enthalten Kraftfelder, libidinöse, aggressive, verheerende, explosive und erbauliche. Diese Kraftfelder entfalten sich zwischen Menschen und können Wunderbares schaffen. – Sie können aber auch zum Fluch werden. Wir werden sehen, dass Kriegstreiberei genau an dieser Stelle ansetzt, um die archaische feindselige Seite von Menschen zu mobilisieren. Derartige soziale Pathologien, solche Gruppen- und Großgruppenprozesse lassen sich vielleicht mit der Gruppenanalyse erklären.

Es geht jedoch nicht nur um die Stammesgeschichte der Menschheit, sondern auch um die „individuelle" Lebensgeschichte von uns Menschen: Der biografische Prozess, der uns aus der Symbiose mit der Mutter oder der Familie loslösen sollte, steckt ebenfalls voller „Beziehungsfallen". Wenn emotionale Ressourcen in der Familie karg sind, kann fehlende Liebe und Zuversicht die Freiheit der Entwicklung in der Weise einschränken, dass das Kind nur geliebt wird – und sich selber liebt –, wenn es in Abhängigkeit bleibt. Dann wird es sich zwangsläufig schlecht fühlen, sobald es den Weg ins Freie sucht.

Die Psychoanalyse hat viele Mechanismen aufgedeckt die Verstecktheiten und Machenschaften der Seele des Menschen betreffend. Dass der Mensch verdrängen muss, wenn er leben will, hat sich ja herumgesprochen. Es gibt aber auch die paradoxen und indirekten Beziehungserfahrungen wie Doublebind, Parentifizierungen, Delegationen, Sei-spontan-Paradoxie, paradoxe Freiheit und die Identifizierung mit dem Angreifer. Diese geben sich schwer zu erkennen und spielen deswegen bei den Übertragungen und Tradierungen menschlichen Versagens und unmenschlicher Brutalität eine große Rolle.

Psychologische Erkenntnisse könnten nicht umstandslos auf gesellschaftliche Prozesse übertragen werden, wird oft und zu Recht kritisiert. Aber die Machenschaften der Seele, die Abwehr- und Täuschungsmanöver beim Namen zu nennen, kann Machenschaften und Täuschungsmanöver der Gesellschaft – nicht nur der Mächtigen – aufdecken, und in dieser Frage sind Psychoanalytiker Profis. Auf diese Zusammenhänge wird dann ausführlich eingegangen werden.

Nach dem Krieg

Nach dem Krieg ist zu oft vor dem Krieg. Anfänge einer Geschichtsaufarbeitung und Aufarbeitung von Kriegsverbrechen sind gemacht. Es gab die Nürnberger Prozesse. Es gibt die Vereinten Nationen und den Internationalen Strafgerichtshof in Den Haag. Das sind großartige Erfolge der Weltbevölkerung.

75 Jahre nach dem Zweiten Weltkrieg ist jedoch noch immer nicht alles aufgearbeitet, und es gibt immer neue Erkenntnisse über diese Verbrechen. Aber diese Anfänge von Aufarbeitung sind immer noch durchzogen von machtbezogenen Konfliktlinien, durch die auch hier Zusammenhänge unbewusst gehalten werden. Neu zu bewerten ist auch das Ausmaß *transgenerationeller Folgen* dieses Krieges. Und daran schließt sich ein Plädoyer für eine *psychohistorische Perspektive* in der Psychotherapie an.

Ich verabscheue den Krieg, das will ich nicht leugnen. Damit bin ich beileibe nicht allein. Ich will auch nicht leugnen, dass ich nichts von Kriegsführung verstehe. Aber ich habe gesehen, wie viele der letzten Kriege – gegen den Irak, gegen Libyen, gegen Afghanistan oder Syrien – vermeidbar gewesen wären und nur Chaos und menschliches Elend hinterlassen haben. Wie viele Lügen waren da nötig, und welche Interessen haben sich da durchgesetzt? Es geht mir darum, meine Erfahrungen und

Überlegungen von unbewusst gehaltenen Inhalten und Strategien aufzudecken. Dabei werden mir Psychoanalyse und Gruppenanalyse helfen.

Mit dem Buch verfolge ich zwei Absichten: Zum einen möchte ich aufklären. Der Leser soll teilhaben an meiner kritischen Auseinandersetzung mit psychoanalytischem Wissen und Denken – und sich dafür interessieren. Die Aufdeckung von unbewusst gehaltenen Inhalten und Strategien gehört zur Domäne von Psychoanalyse und Gruppenanalyse. Das betrifft immer den Menschen in seiner gesellschaftlichen Realität. Im therapeutischen Prozess wird das oft nicht ausreichend berücksichtigt. Meine berufliche Tätigkeit führte mich immer wieder auch mit Menschen zusammen, deren Leben vom Krieg so beeinträchtigt wurde, dass sie erkrankten. Und doch hält sich die Psychoanalyse beim Thema Krieg zurück. Meine psychoanalytischen und gruppenanalytischen Erfahrungen und Überlegungen brachten mir Einsichten, die ich mitteilen möchte.

Zum anderen möchte ich berühren. Mit der Sammlung von Beispielen aus Krieg und Nachkrieg und mit Fallbeschreibungen möchte ich meine emotionale Ergriffenheit mit dem Leser teilen. Schließlich sollen einige Friedensstrategien besprochen werden. Diese ergeben sich aus einer Diversität, die allen totalisierenden Tendenzen entgegensteht und nicht auf gegenseitiger Schuldzuweisung beharrt. Die Konflikte in dieser Welt werden nicht weniger. Friedliche, kreative Konfliktfreudigkeit wird deswegen nötig gebraucht.

I VOR-KRIEG

Krieg ist menschengemacht, also ein Werk der Kultur. Dieses Kapitel handelt vom kulturellen Aufwand der Desintegration in Freund oder Feind, in nur gut oder nur schlecht, in Mensch oder Nichtmensch. Es versucht, die psychologischen und psychosozialen Mechanismen der Kriegsvorbereitung zu entlarven. Es geht den Fragen nach: Wie wird ein Volk überzeugt, Krieg zu führen? Und wieso haben die Völker solche Herrschenden? Es geht darum, die Methoden aufzudecken, mit deren Hilfe Teile der Realität im Dienste von Demagogie, Populismus, Agitation, Propaganda und Geschichtsfälschung unbewusst gemacht werden. Und es handelt von uns Menschen, die als Beziehungswesen auf die Mitmenschen angewiesen und deswegen so beeinflussbar sind – oft gegen ihren Willen.

Dem Thema „Krieg vor dem Krieg" soll sich hier von den zwei Seiten genähert werden, die eng miteinander zusammenhängen: Völker wollen keinen Krieg – mit welchen Mechanismen gelingt es, sie zum Krieg zu treiben? Und was liegt in uns Menschen bereit, dass wir das mit uns machen lassen?

1 Wie kommen Herrschende dazu, Völker zum Krieg zu treiben?

Strukturgesetze der Kriegspropaganda

Baron Arthur Ponsonby of Shulbrede[6] (1871 bis 1946) war ein britischer Staatsbeamter, Politiker, Schriftsteller und Pazifist. Von ihm stammt das berühmte Diktum: „Wird ein Krieg erklärt, ist die Wahrheit das erste Opfer."[7] Mithilfe der von Ponsonby beschriebenen Strukturgesetze kann man sich diesen psychosozialen Mechanismen nähern. Ponsonby listet auf:

- Der Führer des Gegners ist ein Teufel.
- Wir wollen den Krieg nicht.
- Das gegnerische Lager trägt die Verantwortung.
- Wir kämpfen für eine gute Sache.
- Der Gegner begeht mit Absicht Grausamkeiten, wir nur versehentlich.
- Der Gegner kämpft mit unerlaubten Waffen.
- Unsere Verluste sind gering, die des Gegners enorm.
- Künstler und Intellektuelle unterstützen unsere Sache.
- Unsere Mission ist heilig.
- Wer unsere Berichterstattung in Zweifel zieht, ist ein Verräter.[8]

Ponsonby war kein Psychoanalytiker, trotzdem liest sich diese Sammlung wie ein *Lehrstück der Spaltung*: Idealisierungen auf unserer, Dämonisierungen auf der anderen Seite. Diese Spaltung ließe sich wie folgt veranschaulichen:

Wir kämpfen für eine *gute Sache*.	Der Führer des Gegners ist ein *Teufel*.
Unsere Mission ist *heilig*.	Der Gegner kämpft mit *unerlaubten Waffen*.
Grausamkeiten begehen wir nur versehentlich.	Der Gegner begeht mit Absicht Grausamkeiten.
Unsere Verluste sind gering.	Die Verluste des Gegners sind enorm.

---

[6] Ich danke meinem Kollegen Thomas Leusink für den Hinweis auf Ponsonby.
[7] Ponsonby 1928, S. 11. Übers. C. S.
[8] Ponsonby 1930, zit. in: Stöckmann 2004, o. S.

Abbildung 1: Einmarsch in die Tschechoslowakei, Oktober 1938.

Künstler und Intellektuelle unterstützen unsere Sache.	Wer unsere Berichterstattung in Zweifel zieht, ist ein *Verräter*.

Man kann sich gut vorstellen, dass solche Projektionen der „Mobilmachung" dienen. Die *Strukturgesetze der Kriegspropaganda* formulierte Arthur Ponsonby am Beispiel des Ersten Weltkriegs 1928 – spätestens seitdem sind diese Mechanismen bekannt. Wer das gelesen hat, begreift: So primitiv ist Kriegspropaganda. Und das nicht nur, weil so gelogen wird, sondern weil es eine verblüffende Bereitwilligkeit gibt zu glauben.

Die Anwendung der Prinzipien der Kriegspropaganda auf die aktuelle Nachrichtenlage

Wir können die Prinzipien einer aktuellen Kriegstreiberei auch heute erkennen. Wenn das Unfallopfer „Wahrheit" zur Unwahrheit wird, reicht das allein nicht. Es muss eine quasireligiöse fundamentale emotionale Aufladung erfolgen: „heilig", „Teufel", „Ungläubige", aber auch „Blut", „Reinheit", „Rasse".

Wir unterstützen den Arabischen Frühling.	*Die* wollen nur Einfluss.
Wir bringen Demokratie.	*Die* bombardieren Kinderkrankenhäuser.
Wir machen nur Präzisionsschläge.	*Die* werfen Fassbomben.
Wir machen nur Jagd auf Terroristen.	*Die* haben Giftgas.

Abbildung 2: Käthe Kollwitz, Die Eltern, Bl. 3 der Folge Krieg, 1921/1922, Holzschnitt.

So könnte man die Logik der Spaltung fortsetzen. Der Gipfel des Zynismus sind dann Abkommen, die Russland mit der Türkei oder den Amerikanern trifft, um sich nicht gegenseitig in die Quere zu kommen. Es ist eben ein Stellvertreterkrieg, da wollen sich die Strippenzieher doch nicht wehtun! Dass *die anderen* alle (Iran, Türkei, Syrien und andere – jeweils „Machthaber") Kriege führen und Kriegsverbrechen begehen, ist bei uns in der westlichen Wertegemeinschaft sehr gut bekannt. Hier geht es um unsere Leute, die Kriege anzetteln, verharmlosen, Kriegsverbrechen begehen.

Es sind die kreuz und quer verlaufenden Fronten und Interessen, die religiös verbrämten Vorherrschaftskämpfe, die wechselnden und undurchschaubaren Bündnisse, und es ist die archaische Grausamkeit, die sich immer wiederholen.

Religionskrieg und mörderische Ideologien als Präzedenzfälle

Warum wir Menschen so verführbar sind, hängt unter anderem damit zusammen, dass wir Beziehungswesen sind. Das soll im Folgenden erläutert werden.

Beziehungen enthalten Kraftfelder, die erheblichen *Druck* auf den Mitmenschen ausüben können. Wenn einem Menschen der Ausschluss aus seiner Bezugsgruppe droht, kann er auch „außer sich" geraten: Um den Ausschluss abzuwenden, muss er die realen oder vermeintlichen Anforderungen der Gruppe realisieren. Vom Subjekt her gesehen, sichern unter emotionaler Belastung *Abwehrmechanismen* das innerseelische Gleichgewicht – bei Extrembelastung auch durch Abspaltungen und Fragmentierungen von Selbstanteilen. Diese Prozesse gibt es bei traumatischen Bedrohungen, aber auch in Triumphsituationen *(glory)*, auch da kann ein Mensch „außer sich" geraten und unter Einbuße seines Intellekts auf diese manchmal geradezu lächerlichen und leicht zu durchschauenden Propagandamethoden „hereinfallen".

Am 4. Oktober 1943 hielt Himmler vor SS-Führern in Posen eine Rede, die als ein Extrembeispiel ideologiebedingter, quasireligiöser dehumanisierender Spaltung angesichts der Ausrottung der Juden gelten kann:

Dies durchgehalten zu haben, und dabei – abgesehen von Ausnahmen menschlicher Schwäche – anständig geblieben zu sein. Das hat uns hart gemacht. Dies ist ein niemals geschriebenes und niemals zu schreibendes Ruhmesblatt unserer Geschichte.[9]

Vor dieser Ungeheuerlichkeit stehen wir fassungslos. Trotzdem müssen wir versuchen, so etwas zu verstehen. Dieses Ereignis ist fraglos ein kollektives, und es geht nicht um Verstand, Himmlers Verstand funktionierte tadellos: Es geht um Gefühle, in diesem Fall um tiefe affektive Strukturen, die vom *Spaltungsmechanismus* betroffen sind. Deswegen wird in diesem Buch mehrfach wiederholt werden: Beziehungen sind ganz zentral mit Emotionen verbunden – Gefühle sind auch soziale Ereignisse. Beziehungserfahrungen sind weitgehend unbewusst. Diese Beziehungen sind grundsätzlich reziprok. Sie sind wie Röntgenstrahlen *transpersonal*, sie treffen ungehindert auf das Subjekt und gehen durch die „Person", die „Maske", hindurch, sie beeinflussen sie hinter dem Rücken und gegen den Willen des Ichs.

In *Religionskriegen* dient die Religion nicht nur als Mittel der Propaganda; religiöse Versprechungen werden von den kriegsführenden Staaten auch zur Motivation des eigenen Volkes, insbesondere der am Kampf teilnehmenden Soldaten eingesetzt. Materielle Opfer des Krieges werden dem religiösen Opfer gleichgesetzt, was eine höhere Bereitschaft zur Hinnahme materieller Nachteile (Verknappung von Lebensmitteln,

---

[9] Komitee der Antifaschistischen Widerstandskämpfer 1957, S. 124.

Erhöhung von Steuern und Abgaben usw.) bewirkt. Insbesondere den Kämpfern werden religiöse Vorteile versprochen, die dann im Jenseits realisiert würden.

Beispielsweise versprach die Kirche für die Teilnahme an einem Kreuzzug den sogenannten vollständigen Ablass (ohne Fegefeuer also direkt ins Paradies); islamistische Kriegshetzer versprechen bis heute den unmittelbaren Eintritt in das Paradies, sollte man im Dschihad sterben. Gemessen an der muslimischen Sexualmoral herrschen im Paradies pornografische Verhältnisse: 14 oder 72 Jungfrauen werden versprochen. Die Vertröstung ins Jenseits macht Kriege im Namen einer Religion (oder einer Ideologie) so radikal totalisierend. Das macht Religionskriege zum Modellfall, denn die totalisierende Spaltung ist der zentrale Mechanismus, der Kriege möglich macht.

Ideologiebildungen am Beispiel des Kommunismus erfüllen quasireligiöse Aufgaben. Religion stellt auch eine Notfall- und Überlebensstrategie der Seele dar: „Aus der Tiefe, Herr, rufe ich zu Dir!" Bei Freud hatten religiöse Tröstungen keinen guten Ruf, sie waren illusionäre Verkennungen, so etwas wie Opium des Volkes, eine Metapher, die achtzig Jahre zuvor schon Karl Marx verwendet hatte.

Frühestens bei Winnicotts *holding function* gibt es in der Psychoanalyse eine Ahnung von Erbarmen, Trost und Religion. In seinen Übergangsräumen[10] ist auch Raum für *Religiosität*. Das ist der Raum, in dem wir uns davon erholen können, Realität und Illusion ständig auseinanderhalten zu müssen. Manchmal führen diese Übergangsräume jedoch nicht vom Spiel über die Kreativität zur Religion, sondern – wenn die Realität unerträglich geworden ist – über Todesangst, Vernichtungsgefühl und Schmerzen zur Religiosität. Das ist dann wohl kaum ein „bibelreifes Christentum", und das können auch Quasireligionen und andere Erlösungsideologien sein.

Obwohl der Kommunismus das Ende aller Religion predigte, wurde er zu einer *Quasireligion*. Manches „Heilsversprechen" hält auch er bereit. Mir fallen dazu die „Unsterblichen Opfer" ein, der Trauermarsch der russischen Revolution, der vorwiegend bei der Beerdigung von Kommunisten gesungen wurde und in dem sich davon einiges findet:

---

[10] Winnicott 1974, S. 20f.

Unsterbliche Opfer, ihr sanket dahin,
wir stehen und weinen, voll Schmerz, Herz und Sinn.
Ihr kämpftet und starbet um kommendes Recht,
wir aber, wir trauern, der Zukunft Geschlecht.

Einst aber, wenn Freiheit den Menschen erstand
und aller euer Sehnen Erfüllung fand:
dann werden wir künden, wie ihr einst gelebt,
zum Höchsten der Menschheit, empor nur gestrebt![11]

Bereit zur Verteidigung der Heimat: Militär, Rüstungsindustrie und Co.

Der Traditionserlass – Das Brauchtum der Bundeswehr – Das Liederbuch

Nachdem der Skandal offenbar wurde, dass der Oberleutnant Franco A.
2016 als anerkannter Migrant einen fremdenfeindlichen Anschlag geplant hat, empörte sich die Generalität der Bundeswehr – nicht über
den Oberleutnant, sondern darüber, dass die Ministerin von der Leyen
Aufklärung forderte. Stattdessen wurde auf den Traditionserlass von
1982 verwiesen. Dort habe ich geklickt. In dreißig Punkten wird die Traditionspflege der Bundeswehr so charakterisiert, dass solche Zeugnisse,
Haltungen und Erfahrungen aus der Geschichte bewahrt werden sollen,
die als ethische und rechtsstaatliche, freiheitliche und demokratische
Traditionen auch für unsere Zeit beispielhaft und erinnerungswürdig
sind. Nur Punkt 10 lässt etwas tiefer blicken:

10. Viele Formen, Sitten und Gepflogenheiten des Truppenalltags
sind nicht Tradition, sondern militärisches Brauchtum. Es handelt sich um Gewohnheiten und Förmlichkeiten, wie sie in jeder
großen gesellschaftlichen Einrichtung anzutreffen sind. Meist haben sie sich vor langer Zeit herausgebildet. Ihr ursprünglicher Sinn
ist oft in Vergessenheit geraten, der Bedeutungszusammenhang zer-
fallen. Formen, Sitten und Gepflogenheiten tragen jedoch zur Ver-
haltenssicherheit im Umgang miteinander bei. Nicht jede Einzel-
heit militärischen Brauchtums, das sich aus früheren Zeiten her-
leitet, muss demokratisch legitimiert sein. Militärisches Brauchtum
darf aber den vom Grundgesetz vorgegebenen Werten und Normen

---

[11] Bogosavljević u. Woesler 2009, S. 183.

nicht entgegenstehen. Brauchtum muss, um lebendig zu bleiben, von den Soldaten angenommen werden.[12]

Zu diesem „Brauchtum" gehört auch ein Liederbuch, dazu gehört das „Panzerlied der Bundeswehr". Den Text schrieb Oberleutnant Kurt Wiehle am 28. Juni 1935 auf dem Transport seines Panzerregiments 1 nach Königsbrück – 1935 war das Aufstellungsjahr dieser Panzer-truppe.[13] Und forscht man weiter, stößt man auf die Vorlage des Lie-des, nämlich das Lied der SS: „Es steht an der Ostsee / die eiserne Schar / zum Kampfe in die Freiheit / gegen Judengefahr"[14].

Ob's stürmt oder schneit,
Ob die Sonne uns lacht,
Der Tag glühend heiß
Oder eiskalt die Nacht.
Bestaubt sind die Gesichter,
Doch froh ist unser Sinn,
Ist unser Sinn;
Es braust unser Panzer
Im Sturmwind dahin.

Mit donnernden Motoren,
Geschwind wie der Blitz,
Dem Feinde entgegen,
Im Panzer geschützt.
Voraus den Kameraden,
Im Kampf steh'n wir allein,
Steh'n wir allein,
So stoßen wir tief
In die feindlichen Reihn.

Wenn vor uns ein feindliches
Heer dann erscheint,
Wird Vollgas gegeben
Und ran an den Feind!

---

[12] Apel 1982, o. S.
[13] Wikipedia-Eintrag „Panzerlied" (26. 8. 2020).
[14] AG Friedensforschung o. D.

Was gilt denn unser Leben
Für unsres Reiches Heer?
Ja Reiches Heer?
Für Deutschland zu sterben
Ist uns höchste Ehr.

Mit Sperren und Minen
Hält der Gegner uns auf,
Wir lachen darüber
Und fahren nicht drauf.
Und droh'n vor uns Geschütze,
Versteckt im gelben Sand,
Im gelben Sand,
Wir suchen uns Wege,
Die keiner sonst fand.

Und läßt uns im Stich
Einst das treulose Glück,
Und kehren wir nicht mehr
Zur Heimat zurück,
Trifft uns die Todeskugel,
Ruft uns das Schicksal ab,
Ja Schicksal ab,
Dann wird uns der Panzer
Ein ehernes Grab.[15]

Dieses Lied weist den Weg in zwei Richtungen: die Bedeutung der Tradition der SS und der Wehrmacht für die Bundeswehr, siehe unten. Und: Es wird die Selbstlosigkeit gefeiert. Das Thema der Selbstlosigkeit will ich zuerst aufgreifen.

Bedingungsloser Gehorsam, Opferbereitschaft und Verzicht auf Subjektivität gehören zur soldatischen Ethik

Die Gruppenanalyse hat fixierte und potenziell pathogene Matrixkonstellationen herausgearbeitet, die manches erklären können.[16] Dazu

---

[15] www.panzerschule.de/panzerlied.html (20. 8. 2020).
[16] Friedman 2007.

gehört die *Beziehungsstörung des Selbst*. Diese Beziehungsstörung wird charakterisiert durch scheinbar selbstloses Agieren einzelner Gruppenmitglieder „im Dienste" der Gruppe. Dieses Agieren steht reziprok in unbewusster Beziehung mit dem selbstsüchtigen Agieren der Gruppe oder der restlichen Gruppenmitglieder.

Mit anderen Worten: Die Beziehungsstörungen des Selbst werden zum *Ausdruck einer militarisierten Gesellschaft*. Selbstlosigkeit wird sogar gefeiert. Die gefeierte Selbstlosigkeit fällt mit der Selbstsucht der Gruppe, der Sache, der Nation, des Christentums, des Islams und so weiter in eins, in deren Dienst der Einzelne auf sich verzichtet. Diese *Dehumanisierung* spaltet die Gefühlswelt, die Menschlichkeit ab, bei sich und beim Gegner, der nun auch kein Mensch mehr ist. Die selbstlose Beziehungsstörung wird offensichtlich beim Militär trainiert. Das Panzerlied wurde aus dem Liederbuch der Bundeswehr gestrichen. Zu Recht. Aber Schillers Reiterlied bleibt wohl für immer drin, ist ja schließlich Klassik:

> Wohlauf Kameraden auf's Pferd, auf's Pferd,
> in das Feld, in die Freiheit gezogen;
> im Felde, da ist der Mann noch was wert,
> da wird das Herz noch gewogen;
> da tritt kein anderer für ihn ein,
> auf sich selber steht er da ganz allein.
>
> Aus der Welt die Freiheit verschwunden ist,
> man sieht nur noch Herren und Knechte;
> die Falschheit herrscht und die Hinterlist
> bei dem feigen Menschengeschlechte.
> Der dem Tod ins Angesicht schauen kann,
> der Soldat allein ist der freie Mann.
>
> [...]
>
> Drum, frisch Kameraden, den Rappen gezäumt,
> die Brust im Gefechte gelüftet!
> Die Jugend brauset, das Leben schäumt,
> frisch auf, eh' der Geist noch verdüftet!

Und setzet ihr nicht das Leben ein,
nie wird das Leben gewonnen sein.[17]

Das Lied wird in vollem Ernst gesungen, obwohl es doch für Ironie genug Anlass bietet. Das ist die deutsche Bundeswehr. Wie mag es dann bei den privaten Sicherheitsdiensten zugehen? Ich denke nur an die amerikanische Privatarmee Blackwater im Irak!

An dieser Stelle seien meine Erfahrungen bei der Nationalen Volksarmee der DDR in den Sechzigerjahren eingefügt, die auch eine deutliche Abstammung vom soldatischen Brauchtum der Wehrmacht aufwiesen. Mindestens zwei Unteroffiziere waren von der Wehrmacht begeistert. Sie hielten den Beruf des Soldaten für ehrenwert. „Schwarzbraun ist die Haselnuss", „In einem Polenstädtchen", „Auf der Elbe sind wir gefahren" – das waren Standardlieder zum Marschieren, hier besteht also durchaus Verwandtschaft mit der Wehrmacht oder der Bundeswehr.

Aber die informelle Fäkalsprache hat mehr transportiert an Menschenverachtung als jeder Gesang: „Ich reiße Ihnen den Arsch auf bis zum Stehkragen", stammt aus der Wehrmacht, und den Spruch gibt es in der Bundeswehr auch, ebenso wie die humorigen Hitler-Imitationen: „Ein deutscher Soldat friert nicht, er zittert vor Wut darüber, dass es kalt ist." Oder: „Was ist der deutsche Frontsoldat ohne Kümmel?" Wie wir wissen, ist das informelle Leben stilbildender als alle Erlasse.

In der NVA wurde auch „Spaniens Himmel breitet seine Sterne" gesungen, Musik von Paul Dessau, das Lied der Interbrigaden im Spanienkrieg 1936, mit dem Refrain: „Die Heimat ist weit, doch wir sind bereit. / Wir kämpfen und siegen für dich: Freiheit!" Dieses Lied klingt edler. In einer späteren Version wurde im auf die dritte Strophe folgenden Refrain das Wort „siegen" durch „sterben" ersetzt und so die Siegesgewissheit in Opfermut umgewandelt: „Wir kämpfen und *sterben* für dich: Freiheit!" Auch in diesem Lied wird die Selbstlosigkeit gefeiert, Selbstlosigkeit als Verzicht auf ein Selbst, auf eine eigene Subjektivität im Dienste einer Sache, einer Gruppe, einer Nation. Opfermut, Selbstlo-

---

[17] *Wohlauf Kameraden aufs Pferd*, www.volksliederarchiv.de/wohlauf-kameraden-aufs-pferd/ (26. 8. 2020).

sigkeit, Heldentum müssen hergestellt werden, sonst zieht keiner in den Krieg!

Kommt Militär ohne bedingungslosen Gehorsam, Opferbereitschaft und Verzicht auf Subjektivität nicht aus? Bei allen militaristischen Armeen müssen solche Haltungen entwickelt, anerzogen und gefordert werden. „Bewaffnet doch als Friedensheld" (Wilhelm Busch) klingt kindlich-freundlich, dennoch erscheint es wie eine Quadratur des Kreises. Leute, die freiwillig zum Militär gehen, werden sicher auch eher zur Waffe greifen, zumal bei elitären Spezialausbildungen, zum Beispiel zum Scharfschützen. Und sie schießen sicherer auch auf Menschen. Und wer das Vaterland verteidigen will, wird tendenziell konservativer, ja eher „rechts" sein.

*Der hehre Beruf des Soldaten und seine unwürdigen Traditionen
in der Bundeswehr*

Die Bundeswehr prüft besonders seit 1995 Kasernennamen. Im Zuge dessen wurden bis 2016 insgesamt 16 Kasernen umbenannt. Denn nach dem Skandal um den Bundeswehroffizier Franco A. will die Verteidigungsministerin möglichst Bezüge auf die Wehrmacht aus der Bundeswehr tilgen – auch bei der Namensgebung. Laut einer Liste des Ministeriums sind heute noch 26 Bundeswehrkasernen nach Wehrmachtsangehörigen benannt. Bei der Hälfte davon waren die Namensgeber im Widerstand, diese Fälle stehen nicht zur Debatte. Die andere Hälfte waren spätere Bundeswehrgeneräle und Verteidigungsminister – aber auch „Helden" der NS-Propaganda. Auf gut Deutsch: Es handelte sich um Nazikriegsverbrecher.

Im August 2018 hat die Verteidigungsministerin den neuen *Traditionserlass* unterzeichnet. In diesem Zusammenhang wurde auch das Liederbuch der Bundeswehr gestoppt – wegen zum Beispiel des Panzerliedes – und ein neues in Auftrag gegeben. Der damalige Wehrbeauftragte der Bundeswehr Dr. Hans-Peter Bartels wiegelte ab:

> Viele Soldaten fühlten sich unter Generalverdacht gestellt, das musste nicht sein [...] Man hätte die Arbeit daran [am Traditionserlass] auch zwei Jahre früher oder ein Jahr später starten können [...]. Tempo ist hier kein Kriterium.[18]

---

[18] Vates 2018.

Tatsächlich wurde Dr. Hans-Peter Bartels am 20. Mai 2015 – also vor dem Skandal – zum zwölften Wehrbeauftragten des Deutschen Bundestages ernannt und am 21. Mai 2015 im Plenum des Deutschen Bundestages vereidigt. Bereits am 18. Dezember 2014 war er in dieses Amt gewählt worden. Er muss diesen Erlass gekannt haben. Vielleicht fand er ihn gut? Vielleicht hat er sich augenzwinkernd gesagt: Hier dürfen die Soldaten mal die Sau rauslassen. Oder, ernster gesprochen: Das wahre Leben findet im *Informellen* statt, nicht in den Paraden. Und im Informellen liegt etwas bereit, das die soldatische Tradition – und vielleicht die Kampfkraft der Truppe – am Leben hält. Und halten soll!

Wir werden von Soldaten keine lyrischen Gesänge erwarten, Recht, Ordnung und Uniformierung sind näher an Reinheit als Unkonventionalität, Buntheit und Offenheit. Wer also Berufssoldat wird, fällt eine Entscheidung. Das hat Konsequenzen für Berufsarmeen im Verhältnis zu Armeen von Wehrpflichtigen, die diese Entscheidung nicht fällen können.

Als Ursula von der Leyen Verteidigungsministerin wurde und noch das Familienministerium im Sinn hatte, ging es ihr – leider nur sehr kurz – um die Vereinbarkeit von Beruf und Familie. Eine schöne Fantasie: Es ist Krieg und du hast gerade Waschtag. Es kam anders. Der rechtsextreme Oberleutnant Franco A. flog ganz langsam auf. Als von der Leyen die Kaserne im Elsass besuchte, stellte sie fest, sie sei enttäuscht über die Disziplinarvorgesetzten, weil die weder Informationen nach oben gegeben noch die notwendigen Maßnahmen ergriffen hätten. Der Aufenthaltsraum der Soldaten („der Bunker") war nämlich mit Nazisymbolen übersät. Dann sagte sie prophetisch: „Da wird noch einiges hochkommen."

Das hieß nun in der Generalität „Generalverdacht" und brachte ihr manchen Shitstorm ein. Inzwischen ist einiges hochgekommen von rechten Netzwerken („Uniter", „Nordkreuz" und andere), die Waffen und Munition horten, auf den Tag X hoffen und Adolf Hitler (1 8) verehren. Gegen mehr als 200 führende Bundeswehrsoldaten gab es in den vergangenen vier Jahren Ermittlungen wegen des Verdachts auf Rechtsextremismus.[19] Es wundert nicht, dass es sich gerade um Eliteeinheiten

---

[19] Köpke 2019a, S. 3.

(zum Beispiel das Kommando Spezialkräfte/KSK oder Scharfschützen-verbände) handelt.[20]

Dass diese *Traditionen der SS oder der Wehrmacht* übernehmen, scheint da fast folgerichtig: Das sind Männer, die das (mögliche) Töten zum Beruf gewählt haben. Ein Eckpunkt, der die Veränderung der Außen- und Sicherheitspolitik zusammenfasste, war die Ansprache des damaligen Bundespräsidenten Roman Herzog vor der Deutschen Gesellschaft für Auswärtige Politik vom 13. März 1995, in der er feststellte, dass nunmehr „das Ende des Trittbrettfahrens" erreicht sei und nun gelten müsse, dass Deutschland die politische und militärische Verantwortung in der Welt übernehme, die seinem gewachsenen Gewicht entspreche. Daraufhin wurden Schritte zur Gründung des Kommandos Spezialkräfte (KSK) eingeleitet.

Bereits 2003 gab es erste *rechtsextreme Auffälligkeiten*. Der Kommandeur des KSK bis Ende 2003, Brigadegeneral Reinhard Günzel, musste in den Ruhestand versetzt werden, weil er eine Traditionslinie der KSK zog mit einer Spezialeinheit der Wehrmacht, der „Division Brandenburg", die mit vielen Kriegsverbrechen in Verbindung gebracht wird. Seitdem gibt es immer wieder rechtsextreme Vorfälle, die erst 2020 die Verteidigungsministerin zum Handeln zwangen. Bei einer Party für den Chef der Zweiten Kompanie 2017 wurden Schweinsköpfe geworfen, Rechtsrock gehört und der Hitlergruß gezeigt. Diese Kompanie wurde im Juli 2020 aufgelöst. Inzwischen droht dem ganzen KSK die Auflösung, jedenfalls aber das Ende seiner Ausbildungskompetenz und eine gründliche Umstrukturierung.

Die Eliteeinheit, die durchaus auch ehrenhafte Aufgaben und Verdienste hat, ist im arroganten Eliteverständnis verkümmert, die „Besten und Härtesten", die „Nationalmannschaft der Bundeswehr" hat schließlich Waffen, Sprengstoff und Munition veruntreut wie Kleinkriminelle. Die Geheimhaltungsregeln für alles, was das KSK angeht, und die die Soldaten und ihre Angehörigen zum Beispiel vor Racheakten schützen sollen, wurden zum Deckmantel für Skandale und Verbrechen.

Überhöhter Patriotismus, längst jenseits des Grundgesetzes, ein losgelöstes hohes Ehrverständnis, Korpsgeist, Männerbünde und Kameraderie, dazu überhöhter Alkoholkonsum. Das alles ist eine *Karikatur*

---

[20] Köpke 2019b, S. 3.

genuiner Männlichkeit. Geschützt durch eine Geheimhaltungsstrategie blieben diese Kerle unter sich, *ohne Fürsorge*, und verwahrlosten. Irgendwie ist es kein Wunder, dass eine Frau als Verteidigungsministerin von dieser geradezu toxisch anmutenden Männlichkeit nicht infiziert ist und eine Politikerin als Wehrbeauftragte endlich die Verhältnisse klären will.

An dieser Stelle will ich eine gruppenanalytische Überlegung einführen, die das Missverhältnis von erklärter und geschätzter Individualität und ungeliebtem, real gelebtem Angewiesensein auf die Mitmenschen aufklären kann. So kann unsere ungewollte und verleugnete Beeinflussbarkeit verstehbar werden – und auch, wie eine Verpflichtung zur Tötung, zum Krieg, zur Selbstaufgabe und andere unglaubliche Tendenzen zur subjektiven Gewissheit werden.

„Subjektivität" ist der Inbegriff dessen, was das Subjekt in seinem Sein ausmacht, seine Erfahrung und Befindlichkeit, sein Denken, Fühlen, Wünschen und Wollen und seine Fähigkeit, sich bewusst handelnd zu sich selbst und zur Welt in Beziehung setzen und Einfluss auf seine Lebensverhältnisse nehmen zu können. Die Vorstellung, dass das „Subjekt" ein Beziehungswesen ist, heißt nicht, dass es durchweg soziabel wäre. Auch die Vorstellung, dass der Fötus bereits im intersubjektiven Möglichkeitsraum entsteht, heißt nicht, dass es keine außersozialen Dimensionen der Entwicklung gibt.

Anders formuliert: Beziehungen spielen beim Menschen und seiner Entwicklung immer eine Rolle, aber nie allein. Ontogenetisch[21] besteht gar keine Möglichkeit, dass zwei Individuen gleich sind. Da könnten wir uns eigentlich beruhigt zurücklehnen: „So etwas wie mich gibt es nicht noch einmal!"

Und doch taucht in der Psychoanalyse die Frage auf: *Wo bleibt da das Einmalige? Was ist mit dem Subjekt?* „Subjekt" ist nämlich kein primär psychoanalytischer Begriff wie „Ich", „Identität", „Selbst", „Person". Diese Begriffe sind durchweg als abgegrenzte Einheit konzipiert oder monadisch als „Homo clausus", als eingeschlossener Mensch – mit Lücken, versteht sich. Das „Subjekt" jedoch versteht sich als das *Gegenteil des Objekts* und gestattet sich, nicht objektiv zu sein. Das „Subjekt"

---

[21] Genetik, Epigenetik, frühe Beziehungserfahrungen, Genom, Biom und so weiter.

ist dem anderen gegenüber als viel ungeschützter konzipiert, und es wird vom Gegenüber permanent beeinflusst und umgekehrt.

Wir „haben" ein Selbst, denken wir. Das ist eine Illusion, so formulieren es die Selbstpsychologen.[22] Wir sind vielmehr Produkt und Gemeingut größerer, hoch *interaktiver und interkonnektiver Systeme*. Wenn wir diese Systeme als „Matrix" ins Gruppenanalytische übersetzen, bedeutet das zunächst, dass jeder an der *Matrix* Beteiligte als eigenständiges Individuum existiert: mit seiner biosoziopsychologischen Verfasstheit, seiner persönlichen Geschichte und subjektiven Innenwelt, der „Subjektivität". Diese Einsichten haben eine „intersubjektive Wende" in den psychoanalytischen Schulen ausgelöst. Für die Gruppenanalyse waren diese Zusammenhänge nicht neu, sie waren im Matrixbegriff[23] immer enthalten.

Nach diesen Erläuterungen zur unerwünschten oder geleugneten gegenseitigen Beeinflussbarkeit kehre ich zum Sachthema zurück, um die Schwierigkeiten bei der Lösung dieses Komplexes zu beschreiben: Am 28. Mai 2020 wird Eva Högl als Wehrbeauftragte des Bundestags vereidigt. Anlässlich der Vereidigung ruft sie zu einem stärkeren Engagement gegen Rechtsextremismus in der Bundeswehr auf: „Wir müssen wirklich ganz gründlich, ganz grundsätzlich und ganz generell über das Thema Rechtsextremismus in der Bundeswehr diskutieren." Am 27. Mai hatte das Verteidigungsministerium eine Arbeitsgruppe eingesetzt, die rechtsextreme Vorfälle im Kommando Spezialkräfte (KSK) der Bundeswehr untersuchen soll. Dies beinhalte allerdings keinen „Generalverdacht, weder gegenüber dem KSK noch gegenüber der Bundeswehr insgesamt", sagte Högl zu ihrer Forderung nach einem neuen Fokus auf Vorfälle in den Reihen der Bundeswehr.

Es ist aber auch nicht nur eine Ansammlung von Einzelfällen. Wir müssen also auch schauen, was müssen wir tun, um die Strukturen so zu verändern, dass sich solche Einstellungen nicht breit machen und um auch diejenigen Soldatinnen und Soldaten zu stärken, die sich dagegen stellen.

Auch sei in der Untersuchung von Verdachtsfällen „noch Luft nach oben", wie Fälle der Vergangenheit zeigten. „Vor allen Dingen glaube

---

[22] Etwa William Coburn 2009.
[23] Ausführlicher zur Matrix zu Beginn von Kapitel I.2.

ich, dass der Fall jetzt einige auch aufrüttelt, die bisher gesagt haben, man soll das nicht überbetonen und das läuft schon alles richtig."[24] Mitte Mai 2020 war der Fall eines KSK-Elite-Soldaten öffentlich geworden, der Waffen gehortet hatte und Kontakt zur rechtsextremen Szene gehabt haben soll. Gegen diesen Soldaten wird nun durch eine Taskforce ermittelt mit Vertretern des Verteidigungsministeriums, der Generalinspektion der Bundeswehr und der Wehrbeauftragten.

Eva Högl war bisher stellvertretende Fraktionschefin der SPD im Bundestag und wurde am 7. Mai zur Wehrbeauftragten gewählt. Die Wahl war auf Kritik gestoßen, da Högl nicht als Bundeswehrexpertin gilt. Auch in der SPD hatte die Wahl für Unruhe gesorgt: Der langjährige SPD-Bundestagsabgeordnete und Gegenkandidat Johannes Kahrs hat sich aus der Politik zurückgezogen und alle Ämter niedergelegt. Die Wehrbeauftragte kontrolliert nach Artikel 45b des Grundgesetzes in Zusammenarbeit mit dem Bundestag die Streitkräfte. Das Amt gilt als „Anwaltschaft" der Soldatinnen und Soldaten.

Am 3. Juli 2020 schlug Eva Högl vor, die Wehrpflicht wieder einzuführen. In einer Berufsarmee sind solche Fehlentwicklungen nicht zu verhindern. Das ist kein gangbarer Weg, sagen die Politikerkollegen. Es ist aber als Hilferuf nicht zu überhören. Das KSK ist nur die Spitze des Eisbergs, auch in der übrigen Bundeswehr häufen sich die rechtsradikalen Ereignisse.

Rüstungsindustrie

Im Februar 1989 sang die Rockgruppe Silly aus Ostberlin: „Immer noch haben wir den Schlüssel / Von der Waffenkammer nicht [...] / S.O.S.!" Ende 1989 wurde bekannt, dass Alexander Schalck-Golodkowskis Ko-Ko-Imperium („Devisenbeschaffer der DDR") auch mit Waffen handelte. Das hat man sich vorher an den Fingern abzählen können, es war aber geheim. Dass die Bundesrepublik der drittgrößte Waffenexporteur der Welt ist, ist nicht geheim. Aber den Schlüssel zur Waffenkammer haben wir immer noch nicht. Deutschland liegt bei den Rüstungsexporten seit Jahren weltweit hinter den USA und Russland, manchmal auch noch hinter Frankreich. Die Ausfuhrbedingungen sind in Deutschland lockerer als in der EU.

---

[24] Alle Högl-Zitate: DPA 2020.

Es gibt geheime Vorgänge. Zum Beispiel stiegen trotz erklärter Absicht des SPD-Wirtschaftsministers Gabriel, die Waffenexporte zu reduzieren, seine Exportgenehmigungen ins Gigantische, nämlich fast auf das Doppelte (2015). Er fühle sich an die Entscheidungen des Bundessicherheitsrates (BSR) gebunden. Obwohl gelegentlich davon etwas an die Presse gelangt, fallen die Entscheidungen des geheim tagenden Rates unter die Verschwiegenheit.

Den *Schlüssel zu dieser Waffenkammer* haben wir immer noch nicht, er bleibt in den Händen weniger Mächtiger. Mitglieder des BSR sind: die Bundeskanzlerin, der Chef des Bundeskanzleramtes, die Bundesminister des Auswärtigen, der Verteidigung, der Finanzen, des Inneren, der Justiz und der Bundesminister für Wirtschaft. Andere Bundesminister und der Generalinspekteur der Bundeswehr nehmen bei Bedarf mit beratender Funktion an den Sitzungen teil. Auch der Chef des Bundespräsidialamtes hat in den Sitzungen Beobachterstatus.[25] *Der Bundessicherheitsrat unterliegt keiner parlamentarischen Kontrolle.*

So erhält Katar (das ist der Wüstenstaat, der den IS finanziert) – angeblich entgegen Gabriels Votum – Panzer für 1,6 Milliarden Euro. Auch Saudi-Arabien bekommt fortlaufend Waffen (zum Beispiel im Krieg mit dem Jemen). Inzwischen wurde bekannt, dass Waffen selbst der CIA auf dem orientalischen Schwarzmarkt landen. *Immer da, wo es ernst wird (Krieg, Militär, Geheimdienste und so weiter), gibt es keine demokratischen Kontrollen mehr.* Glasnost – Transparenz – forderte einst Gorbatschow und „Mehr Demokratie wagen" Willy Brandt.

Inzwischen gibt es auch Eigentore als Kollateralschäden: Am 17. März 2020 meldet AFP einen Rekordstand bei nicht mehr auffindbaren Schusswaffen in Deutschland, und zwar 33 191 Ende Januar 2020. 2016 waren lediglich 17 500 private Waffen nicht mehr zu finden.[26]

Das Deutschland, das wir kennen, entstand nicht „natürlich", es wurde „zusammenkartätscht". Bismarck sprach von „Blut und Eisen". Immerhin. Danach glaubten die Deutschen (und nicht nur sie) dank der Propagandamaschine ihrer Historiker, der Staat sei eine Art nationalsoziale Plastik, gefügt von der Hand eines Künstlerstaatsmannes.

---

[25] Wikipedia-Eintrag „Bundessicherheitsrat" (20. 11. 2020).
[26] Einzelheiten unter unsere-waffen.de (23. 12. 2020) beim Zentrum für politische Schönheit.

Übrigens war das moderne Zündnadelgewehr für den Sieg Bismarcks wesentlich, es wurde konfessionell umgedeutet in „Luther der Waffentechnik". Wer gut gerüstet ist, zieht leichter in den Krieg. So oder so: *Krieg und Rüstungsindustrie stehen in einem proportionalen Verhältnis.* Und eine florierende und exportierende Rüstungsindustrie im Lande stellt einen eigenen – eisernen – Konfliktherd dar, gegen die die Friedenspolitik nur ein „poetischer Überbau" sein kann.

An dieser Stelle muss ich wieder theoretisch werden: *Wie ist es möglich, so viel von Friedenspolitik zu reden und so viel für den Krieg zu tun? Wieso kann die Matrix diese Macht entfalten?* Um das zu klären, hier eine „kleine Sachkunde" der Abwehrmechanismen – das sind die Mechanismen, die uns vor Beunruhigung schützen sollen, es uns aber schwer machen, die äußere Realität oder Gefühle adäquat zur Kenntnis zu nehmen: Wir wehren sie ab.

„Das habe ich getan, sagt mein Gedächtnis. Das kann ich nicht getan haben – sagt mein Stolz und bleibt unerbittlich. Endlich – gibt das Gedächtnis nach", lautet der berühmte Aphorismus von Friedrich Nietzsche aus der Sammlung „Jenseits von Gut und Böse". Inzwischen wissen wir, dass nicht nur das Gedächtnis nachgibt, sondern auch die Synapsen und andere Vernetzungen sich unter dem Druck des „Stolzes" verändern. Das nannte Freud „*Verdrängung*", ausdrücklich ein physikalischer, moralfreier Begriff, wie ja auch „Sublimierung" und „Spaltung". Dass der Mensch – genauer: sein innerseelisches Gleichgewicht, eine Stellgröße von existenzieller Bedeutung – überleben kann, ist ohne Abwehrmechanismen nicht möglich, das hat sich herumgesprochen.

Die sogenannten *reifen Abwehrformen* gruppieren sich um die Verdrängung: *Sublimierung* ist die Umwandlung von zunächst „triebhafter" Energie etwa in Poesie oder Musik, ein freundlicher Zug der Seele. *Rationalisierung* nimmt das bewusstseinsnächste oder gefälligste Motiv als das entscheidende an. Wir wissen aber, dass alles seelische Geschehen vielfach determiniert ist und die bewussten Motive selten die wirksamen sind. In Friedenszeiten spielen in der Diplomatie die reifen Formen eine Rolle: „Rüstungsindustrie schafft Arbeitsplätze" kann so eine Rationalisierung sein, hinter der ganz andere Motive stecken: Profit, Geltung, Einfluss. Vor der Frage, welche Motive sich bei Heckler & Koch noch verbergen, wenn sie die kleinste automatische Waffe bauen, die für Kindersoldaten am geeignetsten ist, scheue selbst ich zurück. Rationa-

lisierungen sind auch hinter Begriffen zu erahnen wie „Schutzmacht",
„Bündnistreue", „atomare Teilhabe", „Sicherheitsarchitektur" – je näher
am Militärischen, desto verschleierter die Begriffe.

Manche Leute sagen, sie seien frei von Vorurteilen. Das ist wohl
das fatalste Vorurteil. Man kann die Vorurteile unterscheiden in benigne
und maligne. Maligne Vorurteile beinhalten eine Motivation zur Gewaltanwendung, jede Motivation zur Gewaltanwendung ist pathologisch, an-
tisozial oder auch unanständig. Gewalt ist selten real erforderlich, wenn
darüber ein Urteil gefällt werden kann, dann ist es kein Vorurteil mehr.
Vorurteile sind unter anderen Produkte der Abwehrmechanismen, zum
Beispiel von *Projektionen:* Mir unerträgliche Affekte (Hass, Wut, auch
Liebeshunger) unterstelle ich meinem Gegenüber.

> Die Grundlage der Kernidentität eines Individuums ist [...] etwa
> im Alter von 36 Monaten etabliert. Obwohl dann bereits eine ein-
> deutige Identität existiert, bleiben manche, sowohl ‚gute' (libidinös
> besetzte) als auch ‚böse' (aggressiv besetzte) Bilder immer uninte-
> griert – dies ist eine der Lebensaufgaben, die nie ganz erfüllt wer-
> den.[27]

Auf diese Weise begründet Vamik Volkan die Unumgänglichkeit von *Externalisierungen.* Das Individuum hat die Aufgabe, Widersprüche zu in-
tegrieren. Wieviel davon es in seinem Leben schafft, ist ungewiss, ein
Leben reicht jedoch gewiss nicht aus. Dieses grundsätzliche Nie-perfekt-
sein-Können heißt, viele Widersprüche externalisieren zu müssen, etwa
als Projektionen, indem ich dem Gegenüber meine mit meinen Selbstvorstellungen unverträglichen Gefühle unterstelle.

Wenn ich mich unterwürfig einem anderen nähere, weil ich ihm
meine Aggressivität unterstelle, wird es nicht lange dauern, bis der ag-
gressiv reagiert. Diese Übernahme nennen wir *„projektive Identifizierung".* Es handelt sich also um einen Teufelskreis, und der spielt bei
Kriegsvorbereitungen dann eine große Rolle, wenn alle guten Eigen-
schaften auf „unserer Seite" sind und alle negativen auf der „anderen
Seite".

---

[27] Volkan 1999, S. 150.

So lassen sich Ponsonbys Strukturgesetze der Kriegspropaganda gut erklären. Die um die Spaltung herumgruppierten Abwehrmechanismen Projektion, projektive Identifizierung, Idealisierung, Dämonisierung nennen wir *„unreife Abwehrmechanismen"*. Unreif heißt in diesem Zusammenhang: Die emotionale Not ist so groß, dass zu ganz archaischen Mitteln gegriffen wird – diese Prozesse sind selbstverständlich weitgehend unbewusst.

Bündnistreue

Bündnistreue als Verhängnis

Nehmen wir Ponsonbys Prinzipien der Kriegspropaganda ernst und wenden sie auf die Verhältnisse in Deutschland an, dann ist es dringend erforderlich, den *Idealisierungen des Westens* einige Fakten entgegenzusetzen.

Bundespräsident Gauck sprach 2014 auf der Sicherheitskonferenz in München davon, dass Deutschland ja aus den Kinderschuhen entwachsen sei, und es müsse nun – auch militärisch – seine Verantwortung wahrnehmen. Läutete er damit eine neue Moral ein – oder biederte er sich einfach der „herrschenden Moral" an?

„Herrschende Moral" ist ein etwas altertümlicher Begriff, gemessen an neuen Begriffen wie „mediale Gewalt" und *„Deutungsmacht"* oder „hegemonialer Diskurs". Was ich meine, möchte ich an meiner Verarbeitung des Serbienkrieges verdeutlichen. *Ich bin grundsätzlich gegen Krieg.* Ich war auch gegen den Bombenkrieg in Jugoslawien, selbst dann noch als Slobodan Milošević in den Medien zu einem hitlerähnlichen Monster hochstilisiert worden war. Erst als der holländische Freund einer Kollegin zu mir sagte: „Ja, wenn jetzt die Alliierten fliegen, dann wird alles gut", hielt ich es für möglich, dass doch etwas Gutes am Bombenkrieg sein könnte.

Diesem Sog erlegen gewesen zu sein, ärgert mich noch heute. Ich nenne es *Anpassung an „herrschende Moral"*. Wie falsch es war, diesem Bombeneinsatz etwas Gutes abzugewinnen, wird aus Unterlagen der Organisation Internationale Ärzte gegen den Atomkrieg deutlich. Hier schreibt Horst Eberhard Richter[28] nur unter anderem:

---

[28] Der Brief an die Mitglieder der deutschen IPPNW zum Jugoslawienkrieg datiert vom November 1999.

In 79 Kriegstagen haben 32 000 Luftangriffe nach vorläufigen Fest-
stellungen 200 Fabriken, 190 Schulen, 50 Spitäler, 50 Brücken, 50
Zivilflughäfen sowie ungezählte Agrarbetriebe und Wohnhäuser in
Serbien im Wert von mindestens 30 Milliarden Dollar vernichtet.
Hunderte von Zivilisten wurden getötet, das Versorgungssystem
Serbiens wurde ruiniert. Die serbische Militärmacht wurde nicht
nur nicht besiegt, sondern blieb fast vollständig in Takt. Dass die
Serben mehr als 26 Panzer – deren Wracks man gefunden hat – verloren haben, bezweifeln unabhängige Beobachter. Der Krieg ist also
etwa nicht durch die Ausschaltung des serbischen Militärpotentials,
sondern durch den Angriff auf die materiellen Lebensgrundlagen
der serbischen Zivilbevölkerung beendet worden. Eine ethnische
Säuberung hat die andere ersetzt. Zwar konnten die Kosovoalbaner
zurückkehren, dafür haben sie etwa 180 000 Serben und 10 000 anderer Volksgruppen aus dem Kosovo vertrieben.

Es fällt schwer, diese Fakten zur Kenntnis zu nehmen, noch schwerer
zu begreifen, dass es unsere Bündnispartner waren, die das angerichtet
haben. Im gleichen Brief schreibt Richter:

Bedingung für die Führbarkeit des Nato-Krieges war eine psychologische Kampagne, deren Suggestion viele erlegen waren. 1992 hatte
die amerikanische PR-Agentur Ruder Finn einen kostenintensiven
Werbefeldzug gegen die Serben geführt. Unter anderem mit weltweit ausgestrahlten TV-Spots hatten sie die Serben mit den Nazis gleichgesetzt. Dabei habe sie, wie der Agenturchef James Harff
wörtlich im französischen Fernsehen prahlte, auch einflussreiche
jüdische Organisationen überlistet! Es sei gelungen, Begriffe wie
„ethnische Säuberung" und „Auschwitz" im öffentlichen Bewusstsein zu verankern. „Die emotionale Aufladung war so mächtig",
brüstete sich der Agenturleiter, „dass niemand zu widersprechen
wagte, um nicht eines Revisionismus bezichtigt zu werden. Wir hatten ins Schwarze getroffen."

Das ist das Gute an demokratischen Verhältnissen: Alles kommt heraus!
    Als G. W. Bush 2003 den Irakkrieg anzettelte, erfand er ein ira-
kisches Arsenal von Massenvernichtungswaffen. Das waren Lügenge-

schichten, wie der damalige US-Verteidigungsminister Colin Powell
später zugab. Dank Bundeskanzler Schröder hielt sich Deutschland damals zurück. Auch im Jahr 2011 hielt sich Deutschland zurück, als der
Staat Libyen durch die USA, gemeinsam mit Frankreich und Großbritannien, ausgelöscht wurde. Nichts als Gewalt, Tod und Chaos blieben zurück. Barack Obama bezeichnete diesen Krieg später als den
schwersten Fehler seiner Amtszeit.

2018 wurde im syrischen Duma ein Giftgasangriff gemeldet. Bis
heute ist ungeklärt, von wem dieser Angriff ausging. Wieder bombardierten die drei Großmächte, und zwar völkerrechtswidrig. Die Organisation for the Prohibition of Chemical Weapons OPCW stellte Untersuchungen an, konnte aber keine belastbaren Ergebnisse finden. Dennoch hielten die Vereidigungsministerin von der Leyen und auch der
Außenminister Heiko Maas die Bombenangriffe für „erforderlich" und
„angemessen".

Hier wird für mich *Bündnistreue zu kritiklosem Anbiedern*. Es kann
doch in diesem Fall nicht darum gehen, sich aus „Bündnistreue" auf
die eine oder andere Seite zu schlagen. Geht es nicht ausschließlich um
Friedensbemühungen?

Aktuelle Beispiele im Schatten der Coronakrise (Mai 2020):
Nukleare Teilhabe und bewaffnete Drohnen

Die Tornado-Jagdbomber sind veraltet, sie sollen durch andere Jäger
ersetzt werden. Die SPD-Fraktion fühlt sich übergangen. Soweit noch
Alltagsgeschäft. Aber die neuen Jäger sollen amerikanisch sein und die
amerikanischen Kernwaffen transportieren. Die lagern in der Eifel. Das
wird nach und nach klar, als Rolf Mützenich, Fraktionsvorsitzender der
SPD, den Abzug der amerikanischen Atomwaffen aus Deutschland fordert. Die neue Strategie Trumps, auch Kernwaffen einsetzen zu wollen,
mache das erforderlich. Dagegen gibt es sofort Stimmen aus den eigenen Reihen und von der CDU: Dann hätte Deutschland kein Mitspra-
cherecht beim Einsatz von Atomwaffen mehr. Deutschland hat also *„nu-*
kleare Teilhabe"! Solle man das etwa Polen, Tschechien oder Rumänien
überlassen?

Die Bewahrer der „Sicherheitsarchitektur" der Nato sind mobilisiert. Der Sicherheitsbeauftragte Ischinger, Außenminister Maas, der
designierte Wehrbeauftragte der SPD Kahrs. Das gesamte Thema muss

zurückgestellt werden, und zwar aus Kostenfragen, nicht weil der Bundestag vor zehn Jahren mit großer Mehrheit den Abzug sämtlicher Atombomben aus Deutschland beschlossen hat.

Unmittelbar danach folgt das nächste Aufrüstungsthema: *bewaffnete Drohnen*. Am 11. Mai 2020 diskutiert der Bundestag über die Bewaffnung der Bundeswehr mit bewaffneten Drohnen. Und wieder melden sich die Militärsprecher zu Wort. Der CDU-Verteidigungsfachmann Henning Otte und der SPD-Wehrbeauftragte Bartels sind für die Ausrüstung der Bundeswehr mit bewaffneten Drohnen.

Diese Art von Kriegsführung ist unter Präsident Obama eingeführt worden. Sie verstößt gegen internationales Recht. Im Jahr 2019 hat das Oberverwaltungsgericht Münster die Bunderegierung aufgefordert, sicherzustellen, dass völkerrechtswidrige Angriffe mit Drohnen nicht von deutschem Staatsgebiet aus geflogen werden. Die Aussichten auf Erfolg sind etwas gestiegen, seit die Trump-Administration ohnehin Deutschland als Hauptgegner ausgemacht hat und mit Truppenabzug droht. Ramstein, die größte US-Militärbasis außerhalb der USA und Nervenzentrum der US-Luftwaffe und des Drohneneinsatzes, hat Trump jedoch nicht auf der Umzugsliste.[29] Es muss hier nicht nur an die „Kollateralschäden" von Drohnenangriffen erinnert werden oder an die ohnmächtige Wut der Betroffenen. Bombenangriffe haben immer zum Hass auf die Bombenwerfer geführt und nicht selten zur Solidarisierung der Bevölkerung mit den Herrschenden, und seien diese noch so verbrecherisch; ob im Zweiten Weltkrieg oder in den Nahostkriegen.

Um zum Thema zurückzukommen: *Es entsteht der Eindruck, dass Bündnistreue die Demokratie dominiert.*

Bündnistreue auf Augenhöhe

Es gibt eine Gegentendenz. Die Anhänger der „Sicherheitsarchitektur" dominieren nicht mehr uneingeschränkt. Zum Beispiel wird Eva Högl zur neuen Wehrbeauftragten der SPD ernannt, nicht der designierte Kahrs. Der tritt daraufhin von allen Ämtern zurück. Ich sehe das als dritten Versuch (nach von der Leyen und Kramp-Karrenbauer als Verteidigungsministerinnen), über eine Frau den militärisch-industriellen-maskulinen Komplex zu sprengen. Das brachte die Regionalgruppe Ber-

---

[29] Schmale 2020, S. 3.

lin der IPPNW, zu der auch meine Frau und ich gehören, auf die Idee, die Ministerin als Frau von Frauen ansprechen zu lassen. Gundel Seidler schrieb am 24. Mai diesen Brief:

Sehr geehrte Frau Ministerin,
gestatten Sie, dass ich mich Ihnen vorstelle. Ich komme aus dem Osten Deutschlands, Jahrgang 1945, bin also noch ein Kriegskind. Wenn ich auch schon lange selbst Großmutter bin, wurde mein Leben geprägt durch die Verluste meiner Großmütter: Sie verloren sechs Söhne durch diesen schrecklichen Krieg. Dass nun fünfundsiebzig Jahre lang von deutschem Boden kein Krieg mehr ausging, erfüllt mich mit großer Dankbarkeit. Aus nachvollziehbaren Gründen wurde die Vereinigung Deutschlands in der Welt mit großer Skepsis gesehen. Wer hätte geglaubt, dass sich unser Land inzwischen zu einem friedenspolitischen Schwergewicht mit großem Einfluss entwickeln konnte? Diesen Einfluss sollte das vereinte Deutschland auch kraftvoll nutzen.
Ich erinnere mich an das bedrohliche Jahr 1983. Unsere Kinder waren 11 und 13 Jahre, und wir hatten viel Angst, als in der DDR die SS-20-Raketen stationiert wurden. Ich erinnere mich aber auch an das unglaubliche Befreiungsgefühl, als diese Raketen in den 90er Jahren nach Russland zurück transportiert wurden.
Die Nuklearwaffen in der Eifel sind ein Relikt des Kalten Krieges. Ich kann mir vorstellen, dass der Abzug der Atombomben von dort eine Aktion für den Frieden darstellt und mit ähnlichem Befreiungsgefühl von vielen aufgenommen würde, zumal der Bundestag vor zehn Jahren mit großer Mehrheit den Abzug sämtlicher Atombomben aus Deutschland beschlossen hatte. Begriffe wie „nukleare Teilhabe" oder „Sicherheitsarchitektur" täuschen meines Erachtens Bedeutungen vor, verschleiern aber ausschließlich die Tatsachen.
Seit einigen Jahren nehmen Kriegsgefahr und Kriege wieder zu.
Mir ist bewusst, dass die derzeitige Krise um Covid-19 noch lange nicht überwunden ist und alle unsere Ressourcen benötigen wird. Genau deswegen wäre meines Erachtens genau jetzt der Zeitpunkt, die „Logik" des Wettrüstens zu brechen und eine weltweite Abrüstung anzuzielen.
Wir haben in unserem Land das zweite Mal eine Frau als Vertei-

digungsministerin – und gleichzeitig noch Frau Eva Högl als neue Wehrbeauftragte. Ich sehe das als eine segensreiche Entwicklung. Auch wenn Ihr Amt in dieser Männerwelt sicher alles andere als einfach ist, bin ich zuversichtlich, und ich traue Ihnen viel zu.

Von der DDR ist nicht viel übriggeblieben, aber in der letzten, zum ersten Mal frei gewählten Regierung gab es einen „Minister für Abrüstung", und es gab in der Nationalhymne eine Textstelle, die für mich bis heute gilt, „dass nie eine Mutter mehr ihren Sohn beweint".

Ich gebe die Hoffnung auf eine atomwaffenfreie Welt nicht auf.

In dieser Welt bekommen auch bewaffnete Drohnen keinen Platz.

Ich stelle mir vor, dass Sie mir in dieser Hoffnung beistehen, und danke Ihnen, dass Sie mich in meinem Anliegen ernst nehmen.

Wie Friedenstiftung gehen kann und wie nicht

Das gute Beispiel

Am 19. Januar 2020 kamen Delegationen aus zwanzig Ländern und Organisationen im Bundeskanzleramt in Berlin zusammen, um eine Waffenruhe in Libyen zu besprechen. Angela Merkel sagte zum Schluss: „Alle waren sich einig." Und später: „Alle sind sich einig, dass wir eine politische Lösung brauchen." Die Chefs der Konfliktparteien Haftar (Gaddafi-Anhänger, dann sein CIA-Fänger, erfolgreich und von Putin unterstützt) und Sarradsch (von Erdoğan unterstützt und angeblich von der westlichen Welt anerkannt) saßen getrennt voneinander in verschiedenen Räumen und nahmen nur indirekt an der Konferenz teil. „Die Differenzen sind noch so groß, dass sie nicht miteinander sprechen", sagte Merkel.[30] Dieser Erfolg hat nicht viele Väter, wohl aber eine Mutter. Aus gruppenanalytischer Sicht können wir das vielleicht so kommentieren:

■ Alle wesentlichen Konfliktparteien waren anwesend. Wir wissen, wie toxisch Beziehungslosigkeit sein kann. Beziehungen können entgiften, seien sie noch so vorsichtig.

■ Damit wurden auch die verschiedenen Interessen erkennbar an Öl, Einfluss, Macht, Loyalitäten, Ideologien, imperialen Bestrebungen, die

---

[30] Vates 2020, S. 2.

sich sonst in Diplomatendeutsch hinter „Freundschaft", „Bündnistreue" und „Beistand" „Arabischer Frühling", „Freiheit", „Demokratisierung" und Ähnlichem ver bergen.

Sofort erklingen die schneidigen Stimmen der Kriegsminister – die westliche Welt möge den Prozess militärisch kontrollieren und Deutschland sich nicht wieder „wegducken" wie 2011, als Großbritannien, USA, Kanada und Frankreich Libyen bombardierten. Da das damals auf der Grundlage einer UN-Resolution geschah, war die Zurückhaltung Deutschlands umso couragierter und sicher auch die Basis für die Möglichkeit zu dieser Libyen-Konferenz. Jedoch widersprechen dieses Mal die Bundeskanzlerin Merkel und der Außenminister Maas dieser simplifizierten Militärpolitik. Stattdessen gibt es zunächst einen differenzierten, umfangreichen Arbeitsplan. Der ausgehandelte Waffenstillstand hält bisher ein Jahr. Aber am 4. Januar 2021 vermeldet DPA, dass auf Nachfrage des Bundestagsabgeordneten Omid Nouripour (Grüne) die Bundesregierung berichtet, dass sie Rüstungsexporte für mehr als eine Milliarde Euro in diese Krisenregion genehmigt hat.[31]

Das schlechte Beispiel

Anfang 2020 bespricht Donald Trump mit Benjamin Netanjahu in Washington seinen Nahostplan. Die besetzten Gebiete, die Golanhöhen, die Westbanks gehören zu Israel, ganz Jerusalem ist die Hauptstadt Israels. Am Ende dieser Pressekonferenz läuft der bekannte Song von Louis Armstrong: „What a wonderful world". Palästinensische Gesprächspartner sind ausdrücklich nicht anwesend. Eine Lösung der Nahostfrage sei auch gar nicht die Absicht, vielmehr wolle US-Präsident Trump mit seiner Anerkennung der Annexion der Golanhöhen auch „Teile der amerikanischen Wählerschaft und der Großspender zufriedenstellen", erklärt der Nahostexperte Michael Lüders im Deutschlandfunk.

Donald Trump macht, nachdem er die Insel Grönland kaufen wollte, der Firma CureVac eine hochdotierte Übernahmeofferte. Diese Tübinger Firma ist bei der Entwicklung eines Impfstoffs gegen das Coronavirus wohl am weitesten vorangekommen. Er will damit – *America first* – den Impfstoff für die USA reservieren. Donald Trump ist Kaufmann, ganz offensichtlich kein Kriegstreiber. Der Historiker Götz Aly

---

[31] DPA/MPW 2021, S. 3.

nennt Donald Trump dennoch einen „Triebtäter"[32]. Diese „Beschreibung" führt direkt zum folgenden Problem.

Die Rolle herrschender Personen bei der Entscheidung „Krieg anstelle von Diplomatie"

Konflikte zwischen Völkern, Nationen, Ethnien, Religionen gibt es immer und auch immer wieder. Warum wählen manche Herrscher den
Krieg als Lösungsmodus? Beim Versuch einer Motivationsanalyse der
Kriegstreiber schallt mir zunächst der *pathologische Narzissmus* entgegen, wie er Hitler, Stalin und G. W. Bush zugeschrieben wird. Das
ist – selbst in der Psychologie – eine höchst zweifelhafte Diagnose und
in jedem Fall niemals hinreichend. Auf der Suche[33] nach individuellen Besonderheiten solcher Herrscher findet man die Stichworte „Cha-
risma", „Aura", „Präsenz", aber auch Überzeugungen, Kompensatio-
nen, Bildung, Herzensbildung, Geltungs- und andere soziale Bedürfnisse. Auch der Ertrag meiner Suche in der psychoanalytischen Lite-
ratur bleibt dürftig, widersprüchlich, wenig hilfreich. Einige psychoanalytisch bekannte Mechanismen könnten bei der Beschreibung der
Vorgänge vielleicht helfen:

- *materielle und narzisstische Profite* (Kriegsprofiteure, Kriegsnarzis-
  sten und ähnliche Größenfantasien, sadistische Pseudoüberlegen-
  heit)
- *projektive Externalisierungen* intrapsychischer und intragruppaler
  Konflikte bzw. Aggressionen
- *Stärkung der eigenen Identität* durch bedingungslose Vertretung der
  „Staatsräson" der Nation
- *Pseudostabilisierung* einer brüchigen männlichen Identität

Es gibt interessante und lesenswerte Studien zu diesem Thema – zu-
letzt zu Atatürk oder Milošević – bei Volkan (1999). Aber dabei ist
auch die *Großgruppen-Herrscher-Dialektik* überzeugend einbezogen. Ich
finde es nämlich unergiebig, diese Dialektik zu sehr beim Herrscher
zu verankern, denn Herrschaft und Macht sind soziale Ereignisse. Und
auch Herrschende sind Abhängige! Stattdessen möchte ich den grup-

---

[32] Aly 2020, S. 8.
[33] In Wikipedia.

penanalytischen Vorgang der *Personifikation* einführen, der diese Zusammenhänge plausibler macht:

Die emotionale Verbindung von Menschen in einer Gruppe macht es möglich, dass jemand Gefühle ausdrückt, die ein anderer hat. In Therapiegruppen kommt es nicht selten vor, dass jemand für jemanden weint, der keine Tränen hat. Dabei handelt es sich um einen wichtigen Heilfaktor. Andererseits kann man sich vorstellen, dass jede emotionale Tendenz in der Gruppe durch eine Person besonders repräsentiert wird: Das ist die Personifikation.

Personifikationen laufen *weitgehend unbewusst* ab. Das westliche Ideal der Individualität hat sie zusätzlich aus dem Bewusstsein verbannt: „Defensive Grandiosität" (Größenfantasie) nennt das Chris Jaenicke (2006), ein Begriff, der in verschiedenen Zusammenhängen immer wieder fallen wird, weil er die Missachtung der unbewussten und ungekannten Beziehungen gut beschreibt. Das bedeutet nicht, dass dem Individuum Subjektivität abgesprochen oder dass es aus seiner Verantwortung entlassen wird. Es bedeutet vielmehr, eine *kraftvolle Beeinflussung durch die Matrix* deutlicher zu sehen und subjektiv zu bewerten. Mit Personifikationen kann auch missbräuchlich umgegangen werden, wenn zum Beispiel gesagt wird: „Ich bin es nicht gewesen, Adolf Hitler ist es gewesen" oder „Es war ein Befehlsnotstand" oder „Der Terrorist war ein Einzeltäter". Der folgende zynische Satz kann so auch einen Beigeschmack von Wahrheit bekommen: „Jedes Volk hat die Regierung, die es verdient."

2 Wieso lässt sich ein ganzes Volk vom Krieg überzeugen? Was liegt in uns Menschen dafür bereit?

Den in uns Menschen bereitliegenden Grundlagen dieser fast grenzenlosen Beeinflussbarkeit will ich im folgenden Abschnitt nachgehen. Da es sich dabei um psychosoziale Prozesse handelt, soll zunächst ein weiterer gruppenanalytischer Gedanke eingeführt werden: *der Mensch in der Matrix*.

Beziehungen sind ganz *zentral mit Emotionen verbunden* – Gefühle sind auch soziale Ereignisse.

Beziehungserfahrungen sind weitgehend *unbewusst*. Deswegen ist das Ich auch nicht Herr im eigenen Haus, obwohl es diesen Anspruch hat. Beziehungen sind an den Gefühlen wahrzunehmen, die sie in Mitmenschen auslösen, und umgekehrt.

Die Entdeckung der unbewussten Beziehungserfahrungen durch Sigmund Freud in Form der *Übertragungen* war ein Meilenstein.

Beziehungen enthalten Kraftfelder, die sich zwar auch in der Zweierbeziehung entfalten, aber in einer *Gruppe* sichtbar und damit unabweisbar werden.

Das menschliche Gehirn hat bei der Geburt nur 25 Prozent des Gewichts eines Erwachsenengehirns. Danach entwickelt sich das Gehirn im *„sozialen Uterus"*, also unter dem Einfluss psychosozialer Beziehungen: Das macht seine Anpassungsfähigkeit und seine Störbarkeit aus. Beziehungen entwickeln (und fehlentwickeln) sich aber lebenslänglich.

Diese Beziehungen sind grundsätzlich reziprok. Sie sind wie Röntgenstrahlen *transpersonal*, sie treffen ungehindert auf das Subjekt und gehen durch die „Person" hindurch, sie beeinflussen hinter dem Rücken und gegen den Willen des Ichs.

Das Beziehungsnetz, aus dem wir kommen und in dem wir leben, nennen wir *Matrix*. Wir könnten mit Dietrich Bonhoeffer die Matrix so beschreiben: „Von guten Mächten wunderbar geborgen, erwarten wir getrost, was kommen mag." Die ganz frühen emotionalen Entwicklungen, die sexuellen Triebe, die Suche nach Bindung sind Ausdruck eines primär biologischen Antriebs nach Bindung (biosozial) während des gesamten Menschenlebens. In jedem Lebensalter gibt es solche „guten Mächte", die Inhalte, Zielpersonen, Methoden sind aber verschieden.

Diese Mächte hat Freud *Libido* genannt, und ein bisschen radikal der Sexualität untergeordnet, die natürlich das unberechenbarste, abenteuerlichste, riskanteste Spielfeld darstellt, zumal es in seinem Vollzug das Gebiet darstellt, in dem der Mensch – wenn er Glück hat – sich ganz der Biologie überlässt. Das heißt dann Liebesrausch, Musik, Trieb, Klingeln, Orgasmus – da hat jeder seine Begriffe. Soweit zur paradiesischen Seite.

Wenn Libido die Menschen zusammenführt, heißt es für das Gegenteil, den *Todestrieb*, wie ihn Freud nannte, Menschen zu trennen, Bindungen zu zerstören, zu verlassen, rauszuwerfen, zu dehumanisieren. Wir werden sehen, dass es auch dafür biosoziale, vor allem aber psychosoziale Bedingungen gibt – Gruppen- und Großgruppenereignisse, weswegen die gruppenanalytische Herangehensweise aussichtsreich erscheint.

„Matrix" ist ein zentraler Begriff in der Gruppenanalyse. Er beschreibt das Beziehungsnetz, aus dem wir kommen, in dem wir leben. In dieses Beziehungsnetz sind auch Bedeutungen und moralische Wertungen eingewebt. Die Matrix ist auch ein – weithin unbewusstes – Kommunikationsnetz, und das „eröffnet/offenbart viele Informationen über die Anderen, denn man ahnt, was dem Einzelnen passiert, ob nah oder fern. Das gilt sicherlich sowohl für die Familie, als auch für die Gruppe, die den Mikrokosmen der größeren Matrix entspricht"[34], sagt Friedman.

Die *dynamische Matrix* beschreibt das gemeinsame Beziehungsgeschehen in der Gruppe – eigentlich in der Kleingruppe. Die *Grundlagenmatrix* beschreibt die Verbundenheit der Gruppenmitglieder durch ihre gemeinsame Zugehörigkeit zu Großgruppen, Sprachfamilien, Ethnien, Nationen bis hin zu anthropologischen und phylogenetischen Gemeinsamkeiten. Viele dieser Bereiche sind unbewusst. Die *individuelle Matrix* ist die „innere Gruppe" des einzelnen Subjekts. Alle diese Matrizes stehen in einem dialektischen Zusammenhang.

Diese Einführung war wichtig, um die nachfolgende, nun auf den Krieg bezogene Matrixkonfiguration zu verstehen.

Die Soldatenmatrix

Mit „Soldatenmatrix" meint Robi Friedman

> die Matrix, die eine ganze Gesellschaft dominiert, die an organisierter Aggression teilnimmt oder an deren emotionellen Folgen leidet. Alle Matrix-Teilnehmer werden zu Soldaten, die Identität oder der Habitus (Elias, 1989) ist vom Soldatensein geprägt.[35]

Sie ist dann nicht nur das Beziehungsnetz, in dem sich ein Mensch befindet und das diesen Menschen ergreift, der gerade Soldat ist, sondern

---

[34] Friedman 2015b, S. 192.
[35] Ebd., S. 193.

ein Beziehungsnetz, das auch die übergreifenden Matrizes ergreift: die „Nation" oder eben die Menschheit.

Ich halte das für eine sinnstiftende Metapher: *Soldatsein ist sowohl individuelles Schicksal als auch soziales Ereignis.* In diese Soldatenmatrix ist die ganze Geschichte der Delegation von Aggressivität, von Mord und Totschlag auf der einen Seite eingewebt, die mit Heldentum, Selbstlosigkeit, Selbstverleugnung und mit Ritterlichkeit, also narzisstischen Sonderzuwendungen auf der anderen Seite belohnt wird. Zu diesem Netz gehören auch die Delegierer, die Staatsmänner, die professionellen Kriegstreiber, die sensationslüsternen Journalisten, die Väter[36], die opferbereiten Mütter, die stolzen Bräute, die vielen Mitläufer, alle.

Glory, Glory, Halleluja! 1940, als die Wehrmachtspanzer über die Champs-Élysées rollten, war ganz Deutschland im Freudentaumel. So ist zu sehen, wie neben den gewählten Traumen (*chosen traumas*) die gewählten Triumphe (*chosen glories*) wirkungsvoll großgruppenkonstitutiv sind – oder eben (Soldaten-)Matrix kreierend. Die „Wahl" der Traumen und Triumphe für eine Großgruppe oder eine Nation ist ein komplexer Prozess, man denke an den 8. Mai, der im Westen erst 1985 zum Tag der Befreiung „gewählt" wurde, nachdem er Jahrzehnte der Tag der Kapitulation war.

Welche Ausmaße das annehmen kann, zeigen die Bilder der IS-Milizen, die im Triumphgefühl um sich schießen. Die Panzer drehen sich auf dem eroberten Dorfplatz um sich selbst, die MPs ballern, die Augen strahlen: Wenn die Fahnen wehen, ist der Verstand in der Trompete!

Die von einer Soldatenmatrix dominierte kollektive Erinnerung gehorcht der Logik der *schwarzen Reziprozität*[37]. Im Zwang dieser Logik werden das Leiden und die Opfer der antagonistischen Gruppe ausgeblendet oder verharmlost, und das eigene Leiden und die eigenen Opfer dienen der Rechtfertigung für neuen Hass und Rachedurst. Diese Logik motiviert die Gruppe, vergangene Traumata in zukünftige Ruhmestaten zu verwandeln bzw. vergangene Ruhmestaten mit Zähnen und Klauen

---

[36] Siehe zum Beispiel Edward Teller (in „Der Ödipuskomplex" in Kapitel 1.2): „Selbstverständlich wollen die Väter die Söhne loswerden, deswegen schicken sie sie ja in den Krieg."

[37] Schlapobersky 2014.

gegen ihre Gefährdung durch die einstmals unterlegene Gruppe zu verteidigen. „Schwarze Reziprozität ist eine der wirkmächtigsten geschichtlichen Kräfte und eine ihrer gefährlichsten Dynamiken."[38]

Jäger-Beute-Schema

Die Soldatenmatrix springt an und reißt die Einzelnen „wie auf Knopfdruck" mit in die bereitliegende Matrix hinein. Dass dieser Umschaltvorgang so prompt funktioniert, ist besser zu verstehen, wenn wir ihn auch als soziales und nicht nur als individuelles Ereignis begreifen. Insofern schließt die Metapher „Soldatenmatrix" eine Lücke beim Versuch zu verstehen, wieso das „Jäger-Beute-Schema" (eine Formulierung des Psychoanalytikers und Affektforschers Rainer Krause[39]) so rasch anspringen kann: Es liegt in der Matrix bereit, weil die Geschichte der Menschheit von Spaltungsprozessen durchzogen ist, zumal die Kriegsgeschichte. Und Krause lehrt uns auch:

> Die Verdauerung des Opfer/Beute- bzw. Täter/Jägerstatus als Identitätsmerkmale bedarf eines großen kulturellen, interaktiven und intrapsychischen Aufwandes, dessen Kern der Versuch einer Desidentifikation des Täters mit dem Opfer ist.[40]

Also nicht nur das „integrierte Selbst" ist eine Kulturleistung (der Moderne), auch seine Desintegration ist eine Leistung der Kultur. Dennoch ist es ein Rückschritt in der Kulturgeschichte des Selbst, wenn es in seine Spaltungsprodukte zerfällt. So etwas nennt man *Regression*.

„Der immerwährende Ruf der Horde"

Heutzutage klingt bei Autorität immer gleich „autoritär" oder sogar „totalitär" mit – und das hat alles keinen guten Klang. Hier kommt Macht ins Spiel, und das Wort „Macht" kann kaum noch frei von „Machtmissbrauch" gedacht werden. Die Wirkrichtung einer so verstandenen Autorität geht top-down wie eine Einbahnstraße. Andererseits spricht

---

[38] Ebd., S. 273.
[39] Krause 2002.
[40] Ebd., S. 47.

man voller Hochachtung von jemandem, der Autorität „genießt". Also gibt es auch eine Bottom-up-Wirkrichtung:

> Wir sehen den autoritären Menschen, der durch seine Lehre seinen Gläubigen die Widersprüche aufhebt, damit ihre Zweifel beendet und ihnen (zumindest für einige Zeit) einen gewissen Seelenfrieden schenkt.[41]

Es gibt also auch eine *Sehnsucht nach Autorität*, der man sich unterordnen kann. Das Opfern eigenen Denkens im Dienste einer Sache kann ein sinnvoller Entschluss sein, in vertrauensvollen Beziehungen, existenziellen Krisen oder in Ohnmachtserfahrungen: „Herr, ich lege mein Schicksal in Deine Hände." Bei diesem *sacrificium intellectus* geht es nicht um den Ausgang aus einer selbstverschuldeten Unmündigkeit (siehe Aufklärung), sondern um den *Ausgang aus einer überfordernden Selbstüberschätzung.* Im Allgemeinen wird der Verstand jedoch ohne Absicht der Macht der Matrix geopfert – hinter dem Rücken und gegen den eigenen Willen.

Woher kommt die *Faszination des Autoritären?* Von „totalitären Versuchungen", dem „Rückfall in die eigene Gemeinheit" und dem „immerwährenden Ruf der Horde" spricht der peruanische Romancier und Politiker Mario Vargas Llosa[42]:

> [...] die Anziehungskraft, die von dieser Form des Daseins (der geschlossenen Stammesgesellschaft) ausgeht, in der das Individuum auf die mühsame Verpflichtung zur Freiheit verzichtet oder auf die Souveränität, den Verstand zu benutzen, sich stattdessen freiwillig in das Joch einer Religion, einer Doktrin, eines Herrschers, der für alles die Verantwortung übernimmt. Der „Ruf" schlägt im Herzen des Menschen tiefste Saiten an. Das ist der Basso continuo.

Mario Vargas Llosas Worte beeindruckten mich, und mir fiel sofort ein persönliches Beispiel ein: Am 27. Mai 2018 gab es in Berlin einen Aufmarsch der AfD mit 5000 Teilnehmern vom Hauptbahnhof zum Reichs-

---

[41] Wiktionary-Eintrag „autoritär".
[42] Vargas Llosa 2019, S. 20.

tag. Auf der anderen Spreeseite und auf der Spree mit Floßfahrern und Booten eine Gegendemonstration mit 25 000 Teilnehmern, ein buntes Volk mit viel Musik und viel Freude. Aber die AfD-Demo mit dem schwarz-rot-goldenen Fahnenmeer und dem Gleichschritt übte auf mich einen unfreiwilligen, deutlich spürbaren *dunklen Sog* aus. Schließlich kamen die Musikwagen aus den (durchgefeierten) Clubs mit den tiefen, lauten Bässen, die die Hemden und die Haare im Takt pulsieren ließen, und sie wehten den ganzen Spuk weg: „Schabernack gegen Nazikack", „Bass gegen Hass". Und wieder ein „Basso continuo" auf den tiefsten Saiten meines Herzens.

Vielleicht ist diese uns innewohnende Verführbarkeit der Grund, so schlecht über Autoritäten zu reden: Den „Ruf der Horde" möchten wir nicht wahrhaben. Im Grunde aber wissen wir, dass wir nicht frei sind, in bestimmten Kategorien zu fühlen. Rasse, Nation, Ethnie, Kultur und andere Tribalismen liegen immer bereit, um offene Gesellschaften zu schließen und die Freiheit einzuschränken. Das kann dann auch ein Bus sein, in dem kein Platz mehr ist – oder „ein Boot, das voll ist".

Der Ödipuskomplex und andere anthropologisch-schicksalhafte Mythen

Die folgenden Theorien beschreiben den Ödipuskomplex und andere anthropologische *Mythen als schicksalhafte Ursachen von Kriegen*. Diese Überlegungen sollen hier genannt werden – immer mit der Frage: Soll damit das Töten, der Krieg, entschuldigt und er für zwangsläufig zur Natur des Menschen gehörig erklärt werden oder soll damit Licht in das Dunkel gebracht werden, damit unbewusste oder obskure Motive aufgehellt und dem notwendigen öffentlichen Diskurs hinzufügt werden können?

Den *Ödipusmythos* hat Freud aufgegriffen, um den Kampf der Leidenschaften zwischen Liebesbegehren, tödlichem Hass, Rache und Eifersucht zu beschreiben, die in einem Kind (und seinen Eltern) vorgehen können und mit denen es und die Eltern umgehen müssen. Das war revolutionär, denn Freud stellte sich gegen die damals herrschende Auffassung, das Kind sei unschuldig, selig und frei von derartigen Emotionen. Dem widersprach Freud, er hielt die kindlichen Gefühle für ein naturgegebenes Triebgeschehen. Wir wissen heute, dass er den biologischen Input bei diesen Prozessen zu sehr in den Vordergrund gerückt hat, aber so wurde er erkennbar. Meines Erachtens ist gegenwärtig die biologische Dimension wieder zu sehr in den Hintergrund getreten.

Das Orakel aus dem Mund des blinden Sehers Teresias besagt, dass König Laios von Theben und seine Frau Iokaste einen Sohn bekommen werden, der den Vater ermorden und die Mutter heiraten wird. Als nun der Sohn Ödipus geboren wird, beschließen die Eltern, um dem Schicksal zu entrinnen, ihn töten zu lassen, und übergeben ihn einem Hirten, der ihm die Achillesferse durchtrennt („Ödipus" heißt „Schwellfuß"). Der Hirt hat Mitleid, lässt ihn leben und übergibt ihn einem Mann aus Korinth, wo ihn der König an Sohnes statt aufnimmt. Als Ödipus von dem Orakel erfährt, will er dem Schicksal entkommen, seinen Vater zu töten. Er verlässt Korinth. Auf dem Weg nach Theben gerät er mit einem alten Mann aneinander und tötet ihn. Es ist, unerkannt, sein leiblicher Vater. In Theben heiratet er, wiederum unerkannt, Iokaste, seine Mutter, eine gemeinsame Tochter ist Antigone. Als Ödipus die Wahrheit erfährt, blendet er sich.

Wohl wissend, dass Krieg ein Werk der Kultur ist, gibt es immer wieder eine Suche nach triebtheoretischen, biologisch begründbaren Kriegsursachen. Selbst die verkürzt als „Ödipuskonflikt" benannte *mörderische Auseinandersetzung zwischen Vätern und Söhnen* wird wieder bemüht und findet sich in zwei populären Theorien wieder:

Edward Teller (1908 bis 2003), der k. u. k. ungarisch-amerikanisch-jüdische Kernphysiker und Entwickler der Neutronenbombe, brachte für sich den Ödipuskonflikt so auf den Punkt: „Selbstverständlich wollen die Väter die Söhne loswerden, deswegen schicken sie sie ja in den Krieg." Die Neutronenbombe[43] hat eine maximale Neutronenstrahlung, die alles Lebende vernichtet, aber alle Gebäude, Maschinen, Fahrzeuge und Materialien unbeschädigt lässt.

Gunnar Heinsohn publiziert seit 2003 zum Thema Jugendüberschuss, insbesondere Überschuss von jungen Männern, und Kriegsgefahr. Bei einem starken Ungleichgewicht zwischen karrieresuchenden *jungen* Männern und verfügbaren gesellschaftlichen Positionen komme es zu Konflikten – soweit ist das durchaus einleuchtend. Heinsohn

---

[43] Sie ist – wie alle Kernwaffenentwicklungen – in Deutschland nach dem Kriegswaffenkontrollgesetz verboten, ebenso sie zu erwerben, anderen zu überlassen, sie ein- und auszuführen.

ermittelte nun einen für die Kriegsgefahr erforderlichen Jugendüberschuss (*youth bulge*) von mindestens 30 Prozent der 15- bis 29-Jährigen
an der männlichen Gesamtbevölkerung.[44]

Die Weltbevölkerung wird weiter wachsen. Darüber gibt es unter-
schiedliche Prognosen. Bei maximal 10 Milliarden soll sie ihren Höhepunkt gefunden haben. Süd- und osteuropäische Bevölkerungen, auch
die Chinas, werden deutlich abnehmen. Andere werden wachsen. Konflikte sind vorprogrammiert. Aber warum sollen die kriegerisch ausge-
tragen werden?

Dass der Jugendanteil ein demografischer Stressfaktor sein kann,
der zum Ausbruch von Gewalt beiträgt, wenn der Staat seinen Menschen nicht genügend Entfaltungsmöglichkeiten bietet, liegt auf der
Hand. Die provokante Partywut der Jugend während der gegenwärtigen Coronakrise vermittelt uns eine Ahnung von dem zerstörerischen
Potenzial.

Heinsohn postulierte mehrere Indizes, die allesamt nicht unwider-
sprochen blieben. Am deutlichsten widerspricht der Demographiefor-
scher Reiner Klingholz[45], der Heinsohns Monokausalität ablehnt. Heinsohn lehrt dennoch seine Kriegsdemografie an vielen Nato-Einrichtun-
gen, und dadurch gewinnen seine Hypothesen an Brisanz. So geraten
Konflikte und demografischer Stress allzu schnell in die Nähe des Kurz-
schlusses *Konflikt* = *Krieg*. Heinsohn lehrt auch, dass Interventionen
westlicher Staaten zurückgehen werden, weil sie – statistisch gesehen –
einzige Söhne oder gar einzige Kinder gefährden würden, um gegen
dritte oder vierte Brüder von arabischen Familien zu kämpfen. Womit
wir wieder die Strukturgesetze der Kriegspropaganda von Ponsonby vor
uns haben:

Wir haben zu wenige Söhne.   *Die* haben viele Söhne.
Wir ziehen nicht mehr in den Krieg. *Die* sind gefährliche Kriegstreiber.
Wir sind die Guten.   *Die* sind die Bösen.

Die Theorien von Teller und Heinsohn klingen fundiert und überzeugend. Und das finde ich kreuzgefährlich, weil sie die dehumanisierend-

---

[44] Heinsohn 2003.
[45] Klingholz (2004, S. 53) widerlegt Heinsohns „wilde Thesen" mit einer Studie zur
Weltbevölkerung.

spaltenden Strukturgesetze mit einseitigen wissenschaftlichen Argumenten aufmunitionieren.

Der US-amerikanische Psychoanalytiker und -historiker Lloyd De-Mause[46] hält dazu eine interessante Hypothese bereit: Die Geburt des Menschen sei viel traumatischer und erschütternder, als man gemeinhin denkt. Es gehe um eine primär traumatisierende Welterfahrung, die dann in tieferen affektiven Strukturen bereitliegt. Dieses Ereignis werde in periodischen Ausnahmezuständen immer wieder aktiviert. Der Krieg wird dann als eine *Reinigungs-und Erziehungsmaßnahme* des „bösen Kindes" angesehen, das seiner „verdienten Strafe" zugeführt werden müsse. George Bush senior folgte der Fantasie, man müsse Hussein „in den Arsch treten", so wie sein Vater es mit ihm gemacht habe. „Das Versagen der Diplomatie" nannte Vamik Volkan diesen „Arschtritt" Krieg, der General Clausewitz[47] (1780–1831) nannte ihn „die Fortsetzung der Diplomatie mit anderen Mitteln". Der Satz wird gern von Militärs zitiert.

Dazu fiel mir ein, dass aus westlicher Sicht „Unwillige" mit Mitteln schwarzer Pädagogik zur Demokratie erzogen werden sollen. Pointiert könnte ich sagen, dass Staaten, die schnell bombardieren, bis heute die Prügelstrafe bei Kindern legitimieren.

- USA: In 19 Bundesstaaten dürfen Lehrer ihre Schüler noch immer schlagen.
- Großbritannien: Die Prügelstrafen an Schulen wurden erst abgeschafft nach mehreren Verurteilungen durch den Europäischen Gerichtshof für Menschenrechte. Das Verbot wurde 1987 für öffentliche Schulen verabschiedet und 1999 auch für Privatschulen, wo körperliche Züchtigungen geradezu als Teil der Erziehung galten. Die Londoner Regierung weigert sich aber hartnäckig, auch Eltern das Schlagen ihrer Kinder zu verbieten.
- Frankreich: Seit 1991 ist in der Schule die körperliche Züchtigung ausdrücklich per Verordnung des Bildungsministeriums untersagt. Bis heute dürfen Eltern ihre Kinder schlagen.

---

[46] DeMause 1991, zit. in Janus 2008, S. 290–295.
[47] Wikipedia-Eintrag „Carl von Clausewitz".

- Bundesrepublik Deutschland: 1973 wurde das Züchtigungsrecht[48] in Schulen abgeschafft, in Bayern erst 1983.
- Erst im Jahr 2000 wurde das elterliche Züchtigungsrecht in Europa abgeschafft.
- In der Deutschen Demokratischen Republik wurde das Schlagen von Kindern in Schulen 1949 verboten.

Diese Analogien mögen weit hergeholt sein, der „Arschtritt" von Bush senior legt sie nahe und stellt der Kriegspolitik ebendieses Armutszeugnis aus.

Identifikation mit dem Aggressor und andere paradoxe Internalisierungen

Um zu verstehen, wie Menschen dazu gebracht werden können, Krieg zu führen, müssen wir uns das Phänomen der Internalisierung – zum Beispiel die Identifikation mit dem Aggressor – näher anschauen: Beziehungserfahrungen, die internalisiert, also verinnerlicht werden. Dazu sind erst mal wieder die grundlegenden Begriffe zu klären.

Internalisierungen (Verinnerlichungsprozesse) finden lebenslänglich statt, natürlich ganz überwiegend in der Kindheit und in vielen Schwellensituationen: Pubertät, Einschulung, erste Liebe usw. Internalisierungen werden eingeteilt in Inkorporation, Introjektion und Identifikation sowie die Ich-Identität als höchste Stufe der Organisation der Internalisierungsprozesse. Internalisierungen sind keine passiven, sondern interaktionelle Prozesse, die jedoch zu großen Teilen unbewusst stattfinden.

Bei der *Inkorporation* gehen die Beziehungserfahrungen in das psychosomatische Gewebe des sich entwickelnden Babys ein, und sie werden so selbstverständlich, dass ein Bewusstwerden besonderer Auslöser bedarf oder einer Spurensuche, zum Beispiel in einer analytischen Situation.

Bei der *Introjektion* werden besondere Beziehungserfahrungen oder Werte auch in das Ich oder in das Ich-Ideal verinnerlicht, sie sind also bewußtseinfähiger, wenngleich auch diese Prozesse und ihre Resultate über weite Strecken unbewusst sind. Es gibt auch eine Beziehung zu ei-

---

[48] *Duden Recht A–Z 2015*, Eintrag „Züchtigungsrecht".

ner „oralen Einverleibung", wobei besonders „Unverdautes" fixiert werden kann, siehe auch unten die „traumatischen Introjekte".

Identifikation ist der bewusstseinsfähigste Prozess, aber auch er findet oft „hinter dem Rücken" und jenseits des Willens oder gegen ihn statt. Es werden keineswegs nur Abbilder der Realität, sondern Interaktions- und Beziehungsvorgänge mit den entsprechenden Gefühlen verinnerlicht, die das integrierende Selbst ständig verändern, ergänzen, erweitern, aber auch desintegrieren, einengen, verwüsten oder verseuchen können.

Dem kann die *Ich-Identität* nicht unendlich widerstehen. Die Einteilung in diese vier Gruppen ist didaktischer Natur, Überschneidungen sind häufig.

Aus der Fülle dieser Beziehungserfahrungen lassen sich einige *„paradoxe" Beziehungsmuster* identifizieren: Doublebind, Parentifizierung, Delegation, Sei-spontan-Paradoxie, paradoxe Freiheit, sowie die *„Identifikation mit dem Aggressor oder den Aggressionen"* und die *„traumatischen Introjekte"*. Die beiden letztgenannten sind für unser Thema Krieg und Gewalt von Bedeutung, weil sie Notfallstrategien des Überlebens darstellen. Sie bleiben weitgehend unbewusst, weil sie mit den Selbstvorstellungen nicht vereinbar sind oder weil sie dem traumabedingten Gedächtnisverlust anheimgefallen sind. Die Unbewusstheit hat Konsequenzen: Diese Internalisierungen sind jenseits eines Willens wirksam, und jeder von uns kann auf diese Motive „hereinfallen". Aber wer weiß das schon – darum hier ein Versuch der Klärung.

Die Identifikation mit dem Aggressor oder den Aggressionen

Einer der archaischsten, weil lebensnotwendigen, potenziell verhängnisvollsten Regulations- und Abwehrmechanismen stellt die *Identifikation mit dem Aggressor* dar. Dieser Mechanismus hat für das vorliegende Thema eine zentrale Bedeutung, und er wird in allen Zusammenhängen wieder auftauchen: Wo Aggression im Spiel ist, gibt es auch die Identifikation mit ihr – und je größer die Aggression, desto intensiver die Identifikation.

Das Kind ist auf *liebende Eltern* angewiesen, um zu überleben. Wenn die es aber nicht sind oder sein können, dann muss das Kind die Schuld dafür auf sich nehmen, damit es liebende Eltern behält. Es muss deren Versagen auf seine Kappe nehmen, und es muss sich verstärkt um die Eltern kümmern. Wenn die Mutter Kopfschmerzen hat, fühlt sich das Kind schlecht, böse oder schuldig. Beziehungen sind grundsätzlich reziprok - das bedeutet, dass sich auch die Mutter schlecht, böse, schuldig fühlt.

So entstehen *Schuldgefühle* – keine Schuld, sondern Schuldgefühle –, die manchen Menschen ein Leben lang begleiten. Die gipfeln manchmal in einem regelrechten Schuldgrößenwahn: Manche Menschen fühlen sich an allem schuld. Auf diese Weise sind auch die Beziehungen zu anderen Menschen und zu den inneren „Objekten" von Schuld gesteuert: In alle Beziehungsnetze sind Schuldgefühle eingewebt. Das kann sich auch in der psychoanalytischen oder gruppenanalytischen Beziehung niederschlagen.

Der Mensch braucht unabdingbar Mitmenschen, und das lebenslang. Sonst ist er nicht als Mensch oder gar nicht existenzfähig (man denke an die psychischen Deprivationen bei Heimkindern und „Wolfskindern"). *Mitmenschlichkeit* bedeutet keineswegs nur paradiesische Freundlichkeit, sie hat auch ihre lebensfeindlichen Schattenseiten. So kann sich die lebendige Identifikationsfähigkeit als Falle erweisen. Und es ist damit zu rechnen, dass ein Mensch sich im Laufe seines weiteren Lebens „paradox" – also zum eigenen Nachteil – identifiziert. Chris Jaenicke (2006) spricht in diesem Zusammenhang auch pointiert vom „Risiko der Verbundenheit".

Die Reflexion der unbewussten oder gedankenlos fortgeschleppten Identifizierungen ist eine Domäne der Psychoanalyse. Die Psychoanalytiker Sandor Ferenczi und Anna Freud[49] beschrieben diesen paradoxen Mechanismus bereits 1932 bzw. 1936.

Bei *Sandor Ferenczi* geht es um die Folgen der Verführung des unschuldigen Kindes, das sich dem Willen des Angreifers vollständig unterwirft, weil es das Schuldgefühl des Erwachsenen introjiziert, also in die eigene Seele hineinnimmt. Der Kindesmissbrauch stellt immer auch eine – spezielle – Liebesgeschichte dar, die Identifikationen mit sich bringt, an die niemand erinnert werden will, und die deswegen so wirksam sind.[50]

---

[49] A. Freud 1980/87, S. 293–304.
[50] Ferenczi 1932/1939, S. 519.

Anna Freud setzt andere Akzente:

> Das Subjekt, das sich einer äußeren Gefahr gegenüber sieht (die sich
> typischerweise als Kritik durch eine Autorität darstellt), identifiziert
> sich mit seinem Angreifer, indem es sich entweder für die Aggres-
> sion als solche verantwortlich macht, oder die Person des Angreifers
> physisch oder moralisch imitiert, oder sich bestimmte Machtsym-
> bole aneignet, die ihn kennzeichnen.[51]

Traumatische Introjekte

Bei Extremtraumatisierungen gibt es Identifikationen von fragmentier-
ten und apokalyptischen Erfahrungen, zum Beispiel in Form von „invasiven Einverleibungen". Die traumatischen Introjekte und Inkorpora-
tionen tragen verschiedene Bezeichnungen. Ferenczi nannte sie „totes
Ich-Stück". Das ist nicht ganz richtig, weil es eben ein „totes Fremd-
Stück" ist, und so erklärt sich auch die „Fremdsteuerung von innen".
Ich nenne sie bei den Kriegstraumatisierungen *Einschüsse*". Diese Metapher finde ich angemessen, denn bis jetzt habe ich die Kriegsverletz-
ten während meines Medizinstudiums in der chirurgischen Abteilung
vor Augen. Zwanzig Jahre nach der Verletzung sequestrierten und eiter-
ten noch die Einschüsse und Knochensplitter!

Mit der didaktischen Einteilung der Internalisierungen in Inkorporation, Introjektion und Identifikation kommen wir bei der Begegnung mit Kriegstraumatisierten nicht mehr aus. Wir haben in der Therapie wie im Leben ständig damit zu rechnen, dass nicht nur Spaltungen und Verdrängungen eine Rolle spielen, sondern auch zunächst
„stumme Zonen". Manche nennen sie „Kapseln", mit entsprechender
Verfremdung auch „Krypten", „Depots", „Compartements", „maligne
Introjekte, „embodied memories". Sie sind nicht durch Erinnerung aufhellbar, können aber doch überraschend in die analytische Situation
einbrechen und Katastrophenstimmung mit sich bringen. Unvermittelt
kann uns die Kälte der traumatischen Narbe überraschend anfauchen.
Überwältigende Gefühle von Sinnlosigkeit, trostloser Verzweiflung treffen mit solcher Wucht, dass eigenes Tun plötzlich sinnlos erscheint.

---

[51] Zit. in: Laplanche und Pontalis 1973, S. 224.

Manchmal versteht man erst dadurch, wie heimatlos und elend sich unsere Patienten fühlen.

Die Analogie zwischen Psychotrauma und seelischer Folter

Das Angewiesensein des Menschen auf seine Mitmenschen hat eine Kehrseite: Er ist *erpressbar mit dem Verweigern der Beziehung.* So wie das Verlassenheitssyndrom („von Gott und allen guten Geistern verlassen") das Grauen des Psychotraumas darstellt, so besteht seelische Folter analog in einer künstlichen Verlassenheit durch Isolationshaft, in vorgetäuschtem oder realem Verlust der engsten Bezugspersonen zum Beispiel durch deren Tötung, in Unberechenbarkeit, Dunkelhaft, Schlafentzug, körperlicher Erschöpfung durch Hunger und anderen Maßnahmen zeitlicher und örtlicher Desorientierung, die die psychonervale Situation labilisieren, um das Grauen, das Inferno herzustellen.

Die Kulmination: Wie kamen 1938 in Moskau die öffentlichen Geständnisse zustande?

Einen Höhepunkt menschlicher *Selbstaufgabe* gab es während der großen Stalin'schen Säuberungsaktionen. Wie ist es möglich, dass Menschen so intensiv und dauerhaft mit den schlimmsten Verbrechern und Verbrechen identifiziert blieben, dass es zu öffentlichen Geständnissen wie bei den Schauprozessen in Moskau 1938 kam?

Fallbetrachtungen von Patienten aus dieser Zeit liegen naturgemäß nicht vor. In den letzten Jahren erschienen jedoch Dokumentationen, Autobiografien und Romane über und von Kommunisten, die während der Stalinzeit in der Sowjetunion verfolgt worden waren und zum Teil im Gulag gelebt hatten. Zwei dieser Biografien beschäftigten mich besonders lange, weil die Hauptpersonen den unermesslichen Terror in der Sowjetunion Stalins miterlebt hatten und dennoch Kommunisten geblieben waren. Es sind dies: *Wäre es schön? Es wäre schön!* von Irina Liebmann über ihren Vater Rudolf Herrnstadt und *Das gelobte Land* von Wolfgang Ruge. Zu erleben, wie dem Menschheitstraum von der Gerechtigkeitsutopie „Kommunismus" Menschen in so großer Zahl geopfert wurden, selbst großes Leid durchzumachen und sich dennoch weiter diesem Traum verpflichtet zu fühlen – wie das geht, wurde in diesen Büchern verstehbar.

Irina Liebmann besuchte während der Recherchen für ihr Buch – um das Jahr 2008 – eine ehemalige Fotografin und Kommunistin, die ihren Vater gekannt hatte, eine 93-jährige Frau, die klein und krumm geworden war. Am Ende des Besuchs,

> Als ich schon den Mantel angezogen hatte, stand sie im Türrahmen. Sie sagte: Wann haben Sie es erfahren? Seltsamerweise wusste ich sofort, was sie meinte: Stalin. Wir haben es nicht geglaubt, sagte sie. Wir haben es lange nicht geglaubt.[52]

Das dynamische Unbewusste – das ist das, was im Unbewussten rumort – hält das Trauma für beide gemeinsam bereit. Wenige Zeilen später schreibt die Autorin: „Diese Zwergin war ein Gigant in Wirklichkeit, mit ihrer kräftigen Stimme und den klar formulierten Sätzen. Und ich? Wieder ein Blatt im Wind."[53] Die *Idealisierung der Gestalten einer grandiosen Geschichte* ist unverkennbar, auch wenn es die Geschichte von Verbrechen ist. Und diese Idealisierung geht auf Kosten des eigenen Selbstgefühls. Zuvor beschreibt die Autorin die „Haltung" des Vaters, den Ulbricht 1953 kaltgestellt hatte:

> Und ist das nicht ein militärischer Begriff? Ein Kommando? Ein Einatmen, ohne auszuatmen? Was hat sich nicht alles dahinter verborgen, darunter versteckt, wie viel Leid. Wir werden es nie erfahren. Dafür war sie ja da, diese Haltung, das tiefe Durchatmen, das steinerne Gesicht und der Blick nach vorn.[54]

Aber Herrnstadt blieb Kommunist. Das hat viele Gründe. Vielleicht macht dieser kurze Ausschnitt einer ergreifenden Biografie einen ungeheuerlichen Grund verstehbar: *Je größer die traumatisierende Aggression, desto größer die Identifikation*, noch bis in die nächste Generation.

Wolfgang Ruge, der erst 1956 aus der Sowjetunion zurückkehrte, drei Jahre nach Stalins Tod, als Chruschtschow die Abkehr vom Stalinismus einleitete, schrieb seine Texte für *Gelobtes Land* 1989, basie-

---

[52] Liebmann 2008, S. 16.
[53] Ebd., S. 17.
[54] Ebd., S. 7.

rend auf Tagebuchaufzeichnungen. Drei junge deutsche Kommunisten sitzen 1937/38 im Dunkeln um einen Ofen und diskutieren, wer alles von den Säuberungen bedroht ist. Wolfgang, sein Kumpel Stjopa und der Österreicher Sepp, der im Moskauer Stadtzentrum ein Zimmer hatte. Schließlich fragen sie sich:

> Wie wurden die Verhafteten dazu gezwungen, Verbrechen einzugestehen, die sie niemals begangen hatten? Diese Frage ist bis auf den heutigen Tag nicht völlig geklärt. Dennoch ließen sich damals schon einige Überlegungen über die Funktionsweise des Terrors anstellen. Zunächst muss man feststellen, dass sich alle Verhafteten schuldig fühlten. Da sich nämlich kein Mensch hundertprozentig mit der unrealistischen oder verlogenen Parteidoktrin identifizieren konnte, musste er seine Zweifel geheim halten, so dass er ganz zu Recht der „Doppelzüngigkeit" (eine beliebte Anschuldigung) bezichtigt wurde.[55]

In der Entwicklungstheorie gibt es eine Beziehungsfalle zwischen Mutter und Kind während einer sensiblen sogenannten Wiederannäherungsphase, etwa in der Weise: Das Kind beginnt im zweiten Lebensjahr auf eigene Faust seine Abenteuer. Es kann nun laufen und erforscht die Umgebung. Neben Erfolgen sind auch Misserfolge an der Tagesordnung. Nach den Abenteuern kommt das Kind *zurück zur Bezugsperson.* Nun kann die Mutter das Kind ermutigen, seine Wege zu gehen, oder es verstärkt an sich binden: *Bleib bei mir, geh nie weg, mach nur das, was ich sage, sonst bist du untreu, also schlecht.* So sieht es dann auch das Kind: Entweder ich bin gut, dann bin ich abhängig, oder ich mache, was ich will, dann bin ich schlecht, böse usw. Und es fühlt sich schuldig – ohne jede Schuld.

Zurück zu den jungen Männern: Deren sadistisches, inquisitorisches, sozusagen „totalitäres" Gewissen konnte nur in Isolation entstehen. Und so werden die Ideen der jungen Männer durchaus verständlich. Im Text des Buches heißt es weiter:

---

[55] Ruge 2012, S. 89.

Nicht vergessen werden darf außerdem, dass von einem Großteil der Beschuldigten überhaupt kein Geständnis erwartet wurde. Insbesondere traf das auf Menschen zu, die selbst gar keine „Verbrechen" ausgeübt hatten, sondern „ausreichend" durch die Zusammenarbeit oder die Bekanntschaft oder Verwandtschaft belastet waren (deren „Verbrechen" – die sie gar nicht als solche erkennen konnten – sie nicht gemeldet hatten). Ich habe später im Lager sehr viele Menschen getroffen, die auf die Frage nach ihrem Vergehen selbstverständlich Antworten gaben wie: „Mein Onkel ist erschossen worden." Indes gab es auch Millionen von Menschen, die sich ausdrücklich zu Verbrechen bekannten, die sie nie begangen hatten. Teils handelte es sich um einfache, durch jahrhundertelange Untertanentradition geprägte Leute, die jedes Protokoll, das ihnen die Obrigkeit vorlegte, ohne größeren Widerstand unterschrieben. Viele Strafgefangene haben mir erzählt, dass man sie durch stunden- und tagelange Verhöre, Entzug von Trinkwasser bei salziger Kost, Rauchverbot usw. gefügig machte. Hartnäckigere wurden durch Geräusche und blendendes Licht am Schlafen gehindert, in Dunkelzellen gesteckt, die nicht größer als ein Sarg waren. Oft wurden ihnen belastende Geständnisse anderer Opfer vorgelegt. Immer wieder wurde darauf verwiesen, dass ein Geständnis die Strafe mindern und zumindest die Kinder und Ehefrau retten würde. Regelrecht geschlagen worden ist nur ein einziger Häftling in meinem Bekanntenkreis [...]. Am erstaunlichsten waren jedoch die öffentlichen Geständnisse der einstigen Kampfgefährten Lenins, die plötzlich zugaben, gestandene Feinde der Revolution zu sein, mit den Faschisten gegen den Sowjetstaat kooperiert zu haben oder Ähnliches. Sepp, Stjopa und ich zerbrachen uns die Köpfe darüber, wie das zu erklären sei. Wir neigten dazu, alles auf raffinierte, keine Spuren hinterlassende Foltermethoden zurückzuführen, und sagten uns, dass man diejenigen, die der Folter standgehalten hatten, eben nicht vor ein öffentliches Gericht stellte, sondern hinter verschlossenen Türen verurteilte. Heute denke ich, dass dies nur ein Teil der Wahrheit ist. Sicherlich wird man davon ausgehen müssen, dass die meisten angeklagten Spitzenpolitiker psychisch und physisch zermürbt wurden, dass sie hofften (und dass man es ihnen versprach), als Belohnung für ihre Geständnisse am Leben bleiben zu dürfen. Allerdings waren sie bei dem jahrzehntelangen Gerangel um die Parteiführung schon zuvor oft gezwungen worden, zu Kreuze zu kriechen oder ehemals Gleichgesinnte als Abtrünnige zu beschimpfen. Sie wussten, dass niemand ihrer Genossen und Mitkämpfer für sie eintreten würde. Sie waren vereinsamt und durch zahllose Demütigungen ihres Selbstwertgefühls beraubt. Im Grunde blieb ihnen keine Wahl als das Geständnis.[56]

Die klugen jungen Männer haben viele Ideen, und sie ahnen auch, dass es noch einen fundamentaleren Mechanismus gibt, nämlich den der Identifikation mit dem Angreifer. Zur Erinnerung: Ein Kind braucht liebende Eltern, und wenn die versagen, muss das Kind die Schuld auf sich nehmen. In der Ohnmacht der Folter entsteht ein ähnlicher Prozess in tiefster pathologischer Regression. Das sagt dann der Satz aus: Je größer die Aggression, desto größer die Identifikation mit dem Aggressor.

„Die gesellschaftliche Produktion von Unbewusstheit"

Die gesellschaftliche Produktion von Unbewusstheit von Mario Erdheim ist das Standardwerk, das Psychoanalyse und Ethnologie verbindet und damit gesellschaftliche Prozesse auf besondere Art erkennbar macht. Ganz ausdrücklich geht es dabei um die *Unbewusstmachung von Herrschaftsverhältnissen.*

Die gesellschaftliche Relevanz des Unbewussten wird durch seine doppelte Funktion bestimmt. Es erscheint einmal als eine Art Orkus, in welchem all das verschwindet, was nicht bewußtseinsfähig ist, und zum anderen als Reservoir an Kräften, das die Kreativität des Menschen speist. Im ersteren Fall ist das Unbewusste der Ort, der, wie ein kosmisches schwarzes Loch, alle Phantasien, Wünsche und Wahrnehmungen aufschluckt, die das von der Gesellschaft mitgeprägte Bewußtsein nicht zulassen darf.[57]

Erdheim beschreibt aus persönlicher Erinnerung, wie er vom Kaiser Franz Joseph fasziniert war, von dessen Pflichtbewusstsein, der väter-

---

[56] Ebd., S. 89f.
[57] Erdheim 1982, S. 205.

lichen „Liebe, die er für seine Völker hegte und die ihn 1914 – wie es im offiziellen Dekret hieß – zum Schwerte greifen ließ". Dieser *Legitimationsglaube* beruhte ebenso auf der Unbewusstheit der eigenen Situation, die voller Unverträglichkeiten steckt.[58]

Dass Macht, Autorität und Aggressivität, kurz: der *Narzissmus der Herrschenden unbewusst gehalten* wird – auch gegenwärtig besteht der übliche Umgang mit „Autorität" in ihrer Verleugnung –, ist die eine Seite der Medaille.

> Die *Verleugnung der Realität durch die Beherrschten* ist zugleich auch das letzte Stadium der Herrschaft. Ihre Macht ist dann zwar am größten, da der Widerstand zusammengebrochen ist [...], gleichzeitig ist aber mit der Realitätskontrolle auch die Einsichtsfähigkeit verlorengegangen, die die Reproduktion der Gesellschaft ermöglicht. Was übrig bleibt, ist nur noch eine richtungslose Aggression, die alles vernichtet, worauf sie trifft.[59]

Das ist die andere Seite der gleichen Medaille.

Psychoanalyse ist zwar keineswegs die einzige Wissenschaft, die sich mit dem Unbewussten befasst, aber ihr Beitrag beim Aufdecken der *Unbewusstmachung*, bei der gesellschaftlichen Produktion von Unbewusstheit ist erheblich.

Es geht um Transparenz – oder, wie Michail Gorbatschow sagte: „Glasnost" –, und wie wirksam die Aufhebung der Unbewusstmachung über das Sowjetreich war, haben wir erlebt. Und auch, wie gefährlich diese Transparenz für die Herrschaftsverhältnisse ist und – wie gefährdet.

---

[58] Ebd., S. 375ff.
[59] Ebd., S. 434. Hervorhebung C. S.

II DER KRIEG

Über Kriegserlebnisse ist bereits viel geschrieben worden. Dieses Kapitel befasst sich mit den emotionalen Prozessen, die vom Schwungrad des Krieges[60] angetrieben werden, das Schwungrad selbst weitertreiben, das darauf zielt, Menschen zu töten. Was normalerweise für jeden Menschen eine Ungeheuerlichkeit darstellt, wird zum Alltag.

Wir wissen, emotionale Prozesse sind immer zugleich soziale, interpersonelle Prozesse. Diese Prozesse zu untersuchen und beim Namen zu nennen, könnte ein Beitrag sein, dass sie nicht so selbstverständlich ablaufen, schon gar nicht im Krieg.

Während des Krieges sprechen die Waffen. Menschen werden getötet. Im Zentrum dieses Kapitels steht die Frage: Wieso töten Menschen? Im vorigen Kapitel wurde Grundsätzliches beschrieben, was im Menschen/in der Menschheit dazu bereitliegt. In diesem Kapitel werden nun die Mechanismen und Prozesse in Aktion beschrieben. Die Soldatenmatrix, die Jäger/Beute-Konstellation, die Desintegration des Selbst und die dehumanisierende Desintegration des Gegners haben das mörderische Potenzial mobilisiert und halten es mit hohem Aufwand aufrecht: Spaltung, Verleugnung, Selbstlosigkeit „im Dienst der Sache", emotionale Abstumpfung, Teilnahmslosigkeit und Gleichgültigkeit gegenüber anderen Menschen, die Reduktion von Scham, Schuld und Empathie. Im Abschnitt „Vom Ende der Schlachten" am Ende des Kapitels zeigen sich die Schwierigkeiten bei der „Rehumanisierung" nicht nur der ehemaligen Feinde,

---

[60] Das Bild des Schwungrades stammt von Mentzos (2002) und beschreibt die Kriegsmaschinerie, die schwer in Bewegung zu setzen ist, aber sie ist auch „sehr schwer zu stoppen, weil die täglich neu hinzukommenden Verletzungen, Tötungen und sonstigen Leidzufügungen zwangsläufig zu enormer Wut und unbändigen Rachebedürfnissen führen" (S. 223).

sondern auch der eigenen militarisierten Seelen, Gruppierungen – kurz der Soldatenmatrix, die in ihrer Sinnentleerung noch unendlich viele Opfer fordert.

1 Krieg ist Trauma, mörderische Ideologien werden Wirklichkeit

Betrachten wir ein Psychotrauma als eine Überwältigung aller Ich-Funktionen, als einen Verlust aller empathischen Objekte und daraus folgend als das Grauen eines Verlassenheitssyndroms, dann müssen wir davon ausgehen, dass im Krieg die Traumatisierung eher die Regel ist und – schlimmer noch – ein perpetuierendes Movens im Getriebe des Schwungrades des Krieges.

Heinrich Popitz, ein Soziologe, dessen Vater von den Nazis ermordet wurde, beschreibt die *Entgrenzung der Gewaltverhältnisse* beim Menschen so:

> Der Mensch muß nie, kann aber immer gewaltsam handeln, er muß nie, kann aber immer töten – einzeln oder kollektiv – gemeinsam oder arbeitsteilig – in allen Situationen, kämpfend oder Feste feiernd – in verschiedenen Gemütszuständen, im Zorn, ohne Zorn, mit Lust, ohne Lust, schreiend oder schweigend (in Todesstille) – für alle denkbaren Zwecke – jedermann.[61]

Diese Ansicht ist niederschmetternd. Dagegen steht das Gebot „Du sollst nicht töten". Das gibt es schon lange und in allen Religionen. Jedem Menschen ist es selbstverständlich. In wenigen Situationen jedoch ist dieses Gebot wie selbstverständlich außer Kraft gesetzt, so auch im Krieg. Obwohl jeder vernunftbegabte Mensch weiß, dass Kriege Zerstörung und Leid bringen, gibt es sie noch heute. Man könnte angesichts dieser Ungeheuerlichkeit verzweifeln.

Aus der Geschichte wissen wir: *Kriege sind ein Werk der Kultur.* Wir sind gut beraten, nicht die Natur, also die Biologie, dafür verantwortlich zu machen - übrigens auch nicht für eine dem Menschen angeblich innewohnende „natürliche" Tötungshemmung. Die menschliche Biografie ist eine Geschichte von Beziehungen. Wir sollten die *Antworten eher in den interaktiven und interkonnektiven Beziehungssystemen suchen*, deren Produkt wir sind – und deren Gemeingut. Wir können diese Systeme als „intersubjektive" oder „interpersonale" Felder bezeichnen

---

[61] Popitz 1986, S. 50.

oder als „Matrix"[62] ins Gruppenanalytische übersetzen. Matrix heißt *nicht*, dass es keine Individualität gibt. Matrix bedeutet zunächst, jeder am System Beteiligte existiert als eigenständiges Individuum mit seiner bio-sozio-psychologischen Verfasstheit, seiner persönlichen Geschichte und subjektiven Innenwelt, der „Subjektivität". Dieses „Subjekt" können wir dann zunächst in der „individuellen Matrix" suchen, die jedoch ein offenes System ist.

Friedman spricht deswegen lieber von „personaler Matrix"[63], die in unauflösbarer Spannung und wechselseitiger Verbindung mit der Matrix der Gruppe steht. *Wie überwältigt die dynamische Gruppenmatrix die personale Matrix und das Subjekt?* Wenn die unmenschlichsten Ideologien konkret werden, wenn sie Realitätscharakter bekommen, wenn die schlimmsten Projektionen sich plötzlich erfüllen, wenn der „russische Untermensch" plötzlich leibhaftig auftaucht, wenn eigene Kameraden von Granaten zerfetzt werden, wenn Berge von Leichen entstehen, die niemals Menschen gewesen sein dürfen, dann *frisst das Trauma Krieg jede menschliche Regung*, Leben überhaupt gilt nichts mehr, und der Krieg wird zum einzigen Lebensinhalt.

Jenny Erpenbeck[64] hat sich diese unmenschliche tragische Gefühlslage so eindrücklich vorgestellt und erzählt, dass ich sie als emotionalen Untergrund für alles noch zu Besprechende zitieren möchte:

Ein junger Rotarmist hatte sich mit fünfzehn freiwillig gemeldet, nachdem die Deutschen seine Familie umgebracht hatten. Auch seine kleine Schwester, erst vier Jahre. Sie hatte er zuerst gefunden, als er von der Koppel ins elterliche Haus zurückkehrte. Sie schwamm im Brunnen, das Gesicht nach oben [...]. Von da an war er immer in der vordersten Linie gewesen, und irgendwann war aus dem Vertreiben ein Einnehmen geworden und aus der Verteidigung der Heimat ein Wüten in der Fremde, die er sonst sicher niemals in seinem Leben betreten hätte. Wie ein Kraut, das ausgerissen und in hohem Bogen durch die Luft geschleudert wird, trug ihn eine Kraft vorwärts, die jenseits von ihm selbst, jenseits seines noch immer

---

[62] Foulkes 1964.
[63] C. Seidler u. Friedman 2021.
[64] Erpenbeck 2007, S. 95.

kindlichen Körpers lag und die machte, dass er marschierte und kämpfte und einnahm, um die Deutschen auf der Landkarte immer weiter zu schieben, über ihr Land hinaus zu schieben, durch die Schweiz oder Frankreich oder Österreich und Italien immer weiter hinauszuschieben bis ins Mittelmeer oder den Atlantik, ihnen dann nachzusinken in die Tiefe, immer weiter, bis dahin, wo die Bewegung der Feinde und seine eigene endlich durch dieselbe Stille erstickt würde.

Es fällt nach diesem Text schwer, wieder wissenschaftlich zu werden.

2 Soldatenmatrix konkret

Die ungeheuerliche Entmenschlichung der Wehrmacht und gar der SS ist nicht zu verstehen. Vor diesem Bruch der Zivilisation stehen wir fassungslos. Es macht uns unglücklich, dass alles nichts genützt zu haben scheint: Die Verbrecherbanden „Islamischer Staat" ISIS ziehen mordend durch das Land. Genau wegen ihrer Brutalität faszinieren sie junge Menschen aus zivilisierten Ländern.

Der Gruppenanalytiker Robi Friedman aus Haifa hat 2013 die Metapher „Soldatenmatrix"[65] eingeführt. Die könnte vielleicht helfen, etwas von den zugrundeliegenden Mechanismen transparenter zu machen. Diese Idee hat für mich (ungeliebte) Teile meiner Biografie wieder verhandlungsfähig gemacht, die im individualisierten Schuld- und Schambodensatz meiner Psyche vegetierten.

Das Beispiel

Wenn ein Mensch in eine entsprechende Matrix gerät, geschieht etwas mit ihm. Um das an meinem Beispiel zu beschreiben: Es kommt der Einberufungsbefehl. Der Mensch hat nun zwei Möglichkeiten: Er verweigert den Militärdienst oder er wird Soldat. An dieser Entscheidung ist er vielleicht noch beteiligt.

Wenn er dem Befehl aber folgt, gibt er seinen Pass (seine Identität) ab, seine Kleidung, duscht, wird kontrolliert bis hin zur „Schwanz-

---

[65] Siehe auch Kapitel I.2.

kontrolle", mit einer Uniform neu eingekleidet, bekommt einen Helm und ein Gewehr, einen Schlafplatz und einen Spind in der „Unterkunft". Er marschiert im Gleichschritt zur Mahlzeit, anschließend zum Appell. Dort erfährt er in Reih und Glied, dass er zu den Helden gehört, die zum Beispiel das Vaterland retten. An diesem Prozess entscheidet er bereits nichts mehr. Der persönliche Handlungsspielraum erschöpft sich in individuellen Abwehrmechanismen, auch Disziplinverstößen und vielleicht Symptomen: Blödeln, Saufen, Kotzen. Aber er wird sich auch identifizieren – unfreiwillig und „freiwillig", gegen seinen Willen und hinter seinem Rücken, erst recht, wenn er sich schuldig gemacht hat im Einsatz mit seiner Truppe und unter Gefahr Feinde erschossen hat. Man kann sich vorstellen, wie sich die Matrix dann zuzieht.

Nun dauert der „Ehrendienst" des Soldaten ein bis zwei Jahre. Danach zieht er die Uniform aus und befindet sich im „zivilen Sektor". Die Matrix, von der er nun wieder umgeben ist und erfasst wird, ist eine völlig andere als die Soldatenmatrix. Mit seinen Erfahrungen und Identifizierungen als Soldat muss er dann umgehen – wie auch immer.

So ähnlich war es bei mir: Es gingen damals alle Jungen der Abiturklasse, und zwar „freiwillig". Das verstärkte den Gruppendruck, Druck gab es sowieso von der Schule („Ihr wollt auf unsere Kosten studieren!"). Das alles geschah im Herbst 1961, nach dem Mauerbau, der mich völlig überraschte und die Lage noch aussichtloser und drückender machte. Mir blieb Gott sei Dank erspart, auf Menschen schießen zu müssen, aber durch die Kubakrise 1962 bekam ich eine Ahnung davon, wie zwingend eng die Soldatenmatrix werden kann. Aber warum Scham? Weil ich aus Angst und weil ich studieren wollte, etwas mitgemacht habe – gegen meinen Willen und gegen meine Natur –, weil ich ein Mitläufer war!

Das ist schon schlimm genug. Aber dass ich mich auf dieses Leben in der Garnison eingelassen habe, in Uniform herumgelaufen bin, mich untergeordnet habe, laufend beschämt wurde und nun verunsichert und durch Selbstlosigkeit selbstwertruiniert anfing zu studieren: *Ich glaube, jeder, der aus der Soldatenmatrix wieder auftaucht, hat mit Schuld- und Schamgefühlen zu kämpfen.*

Über deutsche Soldaten im Zweiten Weltkrieg wurde oft berichtet, wie sie an der Front das Weihnachtsfest feierten und dabei voller Empathie füreinander in tiefe Sentimentalität versanken. Plötzlich schien eine ganz andere Matrix die Soldaten zu ergreifen – nennen wir sie „Weihnachtsmatrix". Sobald aber die Soldaten wieder dem Feind an der Front begegneten, waren jegliche empathischen Gefühle „von gestern" abgespalten – im Ergebnis der Desidentifikation des Gegners als Mensch. Die „Soldatenmatrix" ist wieder voll wirksam.

Nicht nur die traumatische Situation, auch ein *Siegesrausch (glory)* bewirkt eine Intensivierung der Soldatenmatrix in Form von Mitleidlosigkeit, Empathieverlust, Schuld- und Schamlosigkeit. Welche Rolle dabei zusätzlich Alkohol und Drogen spielen, ist Uraltwissen, neu waren damals jedoch die Amphetaminderivate, besonders das Weckamin Pervitin. Es wurde in den Armeen Deutschlands bis in höchste Kreise, aber auch in den Armeen der Vereinigten Staaten, Großbritanniens und Japans eingesetzt, um bei den Soldaten die Wachsamkeit, Ausdauer und „Stimmung" zu heben.

Die Wannseekonferenz am 20. Januar 1942, ein Höhepunkt der Soldatenmatrix

Ob es ohne Krieg je einen Holocaust gegeben hätte, ist eine müßige Frage, denn die Vernichtung von Menschen hat schon vor dem Krieg begonnen. Auf der Wannseekonferenz werden nicht Menschen zusammengesessen haben, um zu beratschlagen: Wie können wir die europäischen Juden ermorden? Worte wie „Töten" oder „Mord" werden weder gefallen noch in ihrer Vorstellungswelt aufgetaucht sein. Nein, sie werden davon gesprochen haben: Wie machen wir Europa judenfrei? Das Gebot „Du sollst nicht töten" hat es für diese Matrix nie gegeben. Um zu begreifen, wie eiskalt-buchhalterisch die Planung und Organisation des Massenmordes durchgeführt werden konnte, brauche ich eine *Hypothese: Der Siegesrausch durch die raschen Erfolge der Wehrmacht muss diese Radikalität der Soldatenmatrix mitbewirkt haben.*

Es war nicht Hauptzweck der Wannseekonferenz, den Holocaust zu beschließen. Diese Entscheidung war mit den seit dem Überfall auf die Sowjetunion (Juni 1941) stattfindenden Massenmorden in besetzten Gebieten faktisch schon gefallen. Es ging um die Industrialisierung des Mordens der gesamten jüdischen Bevölkerung Europas. Aus dem Dokument der Wannseekonferenz (Abbildung 3), der Liste der jüdischen

L a n d	Zahl
A. Altreich	131.800
Ostmark	43.700
Ostgebiete	420.000
Generalgouvernement	2.284.000
Bialystok	400.000
Protektorat Böhmen und Mähren	74.200
Estland – judenfrei –	
Lettland	3.500
Litauen	34.000
Belgien	43.000
Dänemark	5.600
Frankreich / Besetztes Gebiet	165.000
Unbesetztes Gebiet	700.000
Griechenland	69.600
Niederlande	160.800
Norwegen	1.300
B. Bulgarien	48.000
England	330.000
Finnland	2.300
Irland	4.000
Italien einschl. Sardinien	58.000
Albanien	200
Kroatien	40.000
Portugal	3.000
Rumänien einschl. Bessarabien	342.000
Schweden	8.000
Schweiz	18.000
Serbien	10.000
Slowakei	88.000
Spanien	6.000
Türkei (europ. Teil)	55.500
Ungarn	742.800
UdSSR	5.000.000
Ukraine 2.994.684	
Weißrußland aus-schl. Bialystok 446.484	
Zusammen: über	11.000.000 [49]

Abbildung 3: Liste der jüdischen Bevölkerung in Europa nach Ländern geordnet[66]

Bevölkerung in Europa, springt die ganze menschenfeindliche Erbärmlichkeit ins Auge.

3 Das Schwungrad des Krieges als Teufelskreis

Die folgenden *Beispiele für die totale Entmenschlichung während des Zweiten Weltkriegs* habe ich während der Manuskriptabfassung erfahren. Sie waren mir neu, und sie haben mich unglaublich erschüttert; sie sind, glaube ich, auch in unserer Profession wenig bekannt.

Deswegen habe ich sie ausgewählt. Die Beispiele machen zugleich eine Dimension dieser Matrix deutlich: Die Erstarrung des Netzes in einer perfekten Arbeitsteilung entbindet an jeder Stelle von Verantwortung für das gesamte Geschehen. So war es auch die Aufgabe der Folterer, zu foltern, ohne jede Verantwortung, und so zeigt sich, „dass für dieses Dritte Reich die Tortur kein Akzidens war, sondern seine Essenz"[67].

Folter

Jean Améry, der große Essayist und Erzähler, wurde von der SS gefoltert. Er fand trotz der Folter Worte. So wird ein unaussprechliches Inferno für uns in Ansätzen nacherlebbar. 1912 wurde er als Hans Chaim Mayer in Wien geboren, 2012 wäre er 100 Jahre alt geworden. Fritz J. Raddatz schrieb an diesem Tag:

> Es schießen einem noch heute die Tränen in die Augen, liest man das Zeugnis dieser Barbarei: mit gefesselten Händen rücklings an einer Kette aufgehängt – „Die Kugeln sprangen aus den Pfannen" –, mit dem Ochsenziemer ausgepeitscht, die Schultergelenke ausgerenkt: „In der Tortur wird die Verfleischlichung des Menschen vollständig. ... Wer gefoltert wurde, bleibt gefoltert. Unauslöschlich ist die Folter in ihn eingebrannt. ... *Wer der Folter erlag, kann nicht mehr heimisch werden in der Welt.*"
> Améry hat aber nicht nur die Vernichtung des Humanum in all seiner Grässlichkeit beschrieben. Er hat politisch reflektiert, was ihm geschah. Geschah? Was WIR ihm antaten. Seine Summe lautet, „dass für dieses Dritte Reich die Tortur kein Akzidens war, sondern seine Essenz". Fast unbegreiflich, dass die Welt uns verzieh. Hat sie vergeben? Ich kann es mir eigentlich nicht vorstellen. Ich könnte es selber nicht.[68]

Jean Améry nahm sich 1978 das Leben. Der folgende, immer wieder zitierte Text, stammt aus seinem Abschiedsbrief an seine Frau Maria: „Die Schmach der Vernichtung lässt sich nicht austilgen. Das [...] in der Folter eingestürzte Vertrauen wird nicht wiedergewonnen."[69]

---

[67] Améry 1977, S. 34.
[68] Raddatz 2012.
[69] Zit. nach Nettling 2012.

Tod durch Verhungern

Der Historiker Götz Aly[70] beklagt das Beschweigen des deutschen Überfalls auf die Sowjetunion durch die gegenwärtige deutsche Regierung.
Dabei geht es um das vorsätzliche Verhungernlassen von Kriegsgefangenen, zum Beispiel: Im Herbst 1941 transportierten die deutschen Er-
oberer 310 000 sowjetische Kriegsgefangene ins besetzte Polen, von denen bereits im April 1942 260 000 tot waren. Insgesamt ließ die Wehrmacht bis 1945 drei Millionen sowjetische Kriegsgefangene vorsätz-
lich verhungern. „Wenn in diesem Krieg gehungert wird, dann hun-
gern andere!", zitiert Aly Hermann Göring. Geplant waren die „restlose
Abschöpfung der landwirtschaftlichen Erzeugung der Ukraine" für die
Deutschen und der Hungertod von mindestens 30 Millionen Einwoh-
nern der Sowjetunion[71].

Die Blockade Leningrads

Als die Heeresgruppe Nord im Sommer 1941 den Blockadering um Leningrad schloss, sollten etwa fünf Millionen Einwohner verhungern.
Tatsächlich überlebten über eine Million Menschen, insbesondere Kinder, die Blockade nicht.

Seit 1996 werden Zeitzeugen anlässlich des Jahrestages der Befreiung des Konzentrationslagers Auschwitz durch sowjetische Soldaten am
27. Januar 1945 in den Bundestag eingeladen. Am 27. Januar 2014 sprach
Daniil Granin, ein Überlebender der Belagerung Leningrads.[72] Denn in
diesem Jahr wurde erstmalig auch an das Ende der Blockade Leningrads
am 27. Januar 1944, genau ein Jahr vor der Befreiung von Auschwitz,
erinnert. Ende der Siebzigerjahre brachte Granin zusammen mit Ales
Adamowitsch ein „Blockadenbuch" mit Erinnerungen und Zeugenbe-
richten heraus – ein Zeitdokument, das auch in Deutschland viele Leser
fand.

In Deutschland war der Hungerwinter 1945/46 auch deswegen so
schlimm, weil es keine Lebensmittel mehr aus den besetzten Gebieten
gab, die das deutsche Volk bis dahin gut genährt hatten: „Im Krieg haben wir nicht gehungert. Erst danach wollte man uns verhungern las-

---

[70] Aly 2016a, S. 8.
[71] Aly 2016b, S. 8.
[72] www.bundestag.de/parlament/geschichte/gastredner/granin-215276 (2. 12. 2020).

sen!", war die Meinung der Menschen, die im Krieg „auf Kosten der mit Vorsatz Ermordeten satt und bei Laune gehalten worden waren", schreibt Götz Aly[73].

Lemberg: Stalag 328

Noch nach Stalins Tod galt Kriegsgefangenschaft in der Sowjetunion als Schande und hatte Lagerhaft oder gar Erschießung zur Folge – eine barbarische Stigmatisierung, die die ehemaligen sowjetischen Kriegsgefangenen auch schweigen ließ. Deswegen blieben diese Verbrechen lange unerwähnt, ja übersehen.

Bereits im Mai 1941 hatte das Hitlerregime einen „Hungerplan" beschlossen. „Auf diese von Hitler geforderten Völkerrechtsbrüche ließ sich die Wehrmachtsführung bereitwillig ein, weil viele konservative Militärs mit dem Nazi-Regime das Feindbild des Bolschewismus teilten", schreibt der Historiker Kleveman[74].

Das Stalag (Stammlager) 328 war nur eins von achtzig Lagern, die bereits 1941 die Wehrmacht für sowjetische Kriegsgefangene errichtet hatte. Bis Ende 1941 waren der Wehrmacht drei Millionen Kriegsgefangene in die Hände gefallen und in diesen Lagern gelandet. Die dortigen Zustände werden so beschrieben:

Oft wurden Zehntausende Menschen auf freiem Feld mit Stacheldraht umzäunt, manchmal so eng, dass sie nur stehen konnten. Es gab keine Baracken, keine Latrinen, keine Spitäler [...] Die verzweifelten Gefangenen vegetierten in selbstgegrabenen Löchern und Erdbunkern dahin und aßen vor Hunger Gras, Laub oder Baumrinde. Bald türmten sich Berge von Leichen, auch Fälle von Kannibalismus traten auf. Die Lager waren schlimmer als jeder Gulag und konnten nur als Todeslager bezeichnet werden.[75]

In das Stalag 328 auf der Lemberger Zitadelle, vielleicht 300 Meter vom Stadtzentrum entfernt, wurden täglich neue Kriegsgefangene gebracht, und täglich wurden die Leichen von dort abtransportiert. Der Verdacht

---

[73] Aly 2016b, S. 8.
[74] Kleveman 2017, S. 253ff.
[75] Ebd., S. 248–261.

besteht, dass zur Beschleunigung des Sterbens fleckfieberinfizierte Soldaten in das Lager gebracht wurden.

Solche Stammlager gab es auch in Luckenwalde, Fürstenberg, Zeithain, Barth oder Görlitz. Insgesamt waren in Deutschland und in den von Deutschland besetzten Gebieten schließlich 222 Stalags eingerichtet worden.[76] Die Belegungsstärke der einzelnen Stammlager konnte zwischen 7000 und über 70 000 Kriegsgefangenen variieren.

Bedenken mancher Offiziere gegen derartige brutale Ermordungsverfahren widersprach Feldmarschall Wilhelm Keitel:

> Die Bedenken entsprechen den soldatischen Auffassungen vom ritterlichen Krieg! Hier handelt es sich um die Vernichtung einer Weltanschauung! Deshalb billige ich die Maßnahmen u(nd) decke sie,

zitiert ihn der Historiker Christian Streit.[77]

Bereits zu Beginn des Überfalls auf die Sowjetunion wurden die internationalen Abkommen[78], die den Krieg etwas zivilisierten, per Gesetz außer Kraft gesetzt – und die gesamte Generalität hat dem zugestimmt. Sie alle begingen Kriegsverbrechen. Deswegen konnte sich General Keitel so ungeniert zu dem Verbrechen bekennen. Er glaubte an seine quasireligiöse Mission. Das nennt die Psychoanalyse „Spaltung":

---

[76] https://de.wikipedia.org/wiki/Stammlager - cite_note-8

[77] Streit 1978, S. 182.

[78] Die *Haager Landkriegsordnung (HLKO)* ist die Anlage zu dem während der ersten Friedenskonferenz in Den Haag beschlossenen zweiten Haager Abkommen von 1899 „betreffend die Gesetze und Gebräuche des Landkriegs", das 1907 im Rahmen der Nachfolgekonferenz als viertes Haager Abkommen in leicht geänderter Fassung erneut angenommen wurde. Sie ist das wichtigste der im Rahmen dieser Konferenzen entstandenen Haager Abkommen und damit neben den *Genfer Konventionen* ein wesentlicher Teil des humanitären Völkerrechts. Die Haager Landkriegsordnung enthält für den Kriegsfall Festlegungen zur Definition von Kombattanten, zum Umgang mit Kriegsgefangenen, zu Beschränkungen bei der Wahl der Mittel zur Kriegführung, zur Verschonung bestimmter Gebäude und Einrichtungen von sozialer und gesellschaftlicher Bedeutung, zum Umgang mit Spionen, für Kapitulationen und Waffenstillstandsvereinbarungen sowie zum Verhalten einer Besatzungsmacht in einem besetzten Territorium. Zum Umgang mit verletzten und erkrankten Soldaten verweist die Haager Landkriegsordnung auf die erste Genfer Konvention in den Fassungen von 1864 beziehungsweise 1906.

Ein Bruch in tiefen affektiven Strukturen, der derartige Unvereinbarkeiten zulässt. Es gibt vielleicht schwer psychopathische Menschen, die dazu in der Lage sind. Keitel war kein Psychopath, er gehörte zu einer Matrix, die von dieser Spaltung lebt: zu einer Extremform der Soldatenmatrix. Keitel wurde im Nürnberger Prozess zum Tode verurteilt und hingerichtet.

Krieg, Nachkrieg und die Rolle posttraumatischer Störungen

Paradox klingt es nur im ersten Moment, dass die *„andauernde Persönlichkeitsveränderung nach Extrembelastung"*[79] auch ein „sinnvoller" Anpassungsmechanismus sein soll. Diese Störung ist unter anderem gekennzeichnet durch feindliche, misstrauische Haltung gegenüber der Welt, Gefühle ständigen Bedrohtseins, sozialen Rückzug. Aber in Kriegszeiten ist es sinnvoll, misstrauisch zu sein. Soldatenmatrix, Persönlichkeitsveränderung und posttraumatische Belastungsstörung gehen bio-psycho-sozial oder sozio-psycho-somatisch in die gleiche Richtung, wenn auch nicht im „Gleichschritt":

Die *Soldatenmatrix* ist gekennzeichnet durch Verlust von Schuld-, Scham- und Empathiefähigkeit, bei der *posttraumatischen Störung*[80] denkt man an die Flashbacks, die emotionale Abstumpfung, die Teilnahmslosigkeit und Gleichgültigkeit gegenüber anderen Menschen. Für diese Erkrankungsformen stellt das ICD-10 zusätzlich fest, dass die verursachenden Belastungen „das soziale Netz des Betroffenen beschädigt haben oder das weitere Umfeld sozialer Unterstützung oder sozialer Werte".

Trotz der Einbeziehung einer sozialen Dimension bleibt die Betrachtungsweise aber individualisierend und pathologisierend. Es geht aber nicht nur phänomenologisch um ein Defektsyndrom, sondern genetisch um eine Anpassung der Matrix an den Krieg. Es ist ja auch zu bedenken, dass ein Mensch mit solch einem verstörten Beziehungssystem sein Gegenüber so beeinflussen kann, dass sich die Erfahrungen wiederholen müssen. Und das kann bis in die analytische Beziehung hinein geschehen.

---

[79] ICD-10-Diagnosenummer: F62.0. Das ICD-10 ist das derzeit gültige Internationale Klassifikationsverzeichnis der Krankheiten.

[80] Nummer F43.1 im ICD-10.

Und es ist auch fragen: Warum hätten die derart Verletzten sich noch einmal an die Welt wenden sollen? Woher sollten sie das Vertrauen nehmen, dass ihnen jemand zuhört? Und woher die Kraft, sich an das Schreckliche zu erinnern? Das jahrzehntelange Schweigen kann auch so erklärt werden.

4 Vom Ende der Schlachten

Wie tauchen aus den Heerscharen der Feinde wieder Menschen auf?

Wann ist ein Krieg eigentlich zu Ende? Mit einem Sieg? Mit einer Niederlage? Der Zweite Weltkrieg endete offiziell mit dem 8. Mai 1945. Die Niederlage Deutschlands war lange abzusehen, aber wie konnten die Menschen aus diesem Verbrechensorkus jemals wieder auftauchen?

Es geht mir nicht um eine Relativierung deutscher Schuld oder darum, das Schuldgebirge gerechter zu verteilen, ich will stattdessen aufzeigen, dass der Krieg als Konfliktlösungsmodus eine verheerende überpersönliche, übernationale, unberechenbare Wirkung hat. Vorhersagbar ist nur, es wird Menschlichkeit zugrunde gehen. Denn der Krieg ist ein Teufelskreis aus Verbrechen und Leid, Schmerz, Selbstlosigkeit und Vergeltung: Der Gegner muss entmenscht werden, sonst kann kein Krieg geführt werden; wird Krieg geführt, wird Entmenschung forciert. Der Krieg hat aus der Selbstlosigkeit des Soldaten eine willenlose mörderische Getriebenheit gemacht. – Darf diese Generation zurückblicken? Diese Generation voller Schuld und Scham, ohne Gott, ohne Bindung, ohne Vergangenheit, ohne Anerkennung?[81] Wir müssen davon ausgehen, dass die Soldatenmatrix noch lange nach dem Krieg Bestand hatte – diese Matrix überdauert aus vielen Gründen.

Nach den unermesslichen Verbrechen dieses Krieges müssen die Schlachten zwischen Todfeinden ja irgendwie zu Ende gehen

75 Jahre nach dem Krieg, 75 Jahre nach dem Atombombenabwurf auf Hiroshima und Nagasaki, wird klar: *Der Tod von Japanern aus der Distanz war eine erklärte Absicht.* Und es wird auch klar, dass der Bau der Atombombe, deren Verfügbarkeit und ihr Abwurf im Wettlauf mit

---

[81] Siehe Abschnitt zu Wolfgang Borchert in Kapitel III.

Deutschland und der Sowjetunion ein grandioser Sieg war. Später wird sich für die getöteten Japaner der Begriff „Kollateralschaden" durchsetzen. Besonders im Triumph (*glory*) sind Empathielosigkeit, Verlust von Schuld- und Schamgefühlen und die dehumanisierende Spaltung in die Soldatenmatrix eingewebt, wie ich weiter oben schon beschrieb. Menschen spielen keine Rolle mehr, ob Gegner, Gefangene, Zivilisten. Wie sachlich klingt „Dehumanisierung"! Die Wahrheit ist: Am Ende dieses Krieges waren alle menschlichen Maßstäbe verlorengegangen.

Wie tauchen jedoch aus dem Heer der dehumanisierten Feinde wieder Menschen auf? Woher soll Empathie kommen – und wohin mit den Scham- und Schuldgefühlen? In persönlichen Gesprächen und aus Dokumenten konnten wir[82] einiges darüber erfahren. Diese sehr persönliche Sammlung von Erzählungen über das Ende der Schlachten am Ende des Zweiten Weltkriegs zeigt, wie wichtig der Einfluss einzelner Menschen werden konnte. Das waren nicht die, die zum Krieg aufriefen.

Die Sammlung ist zufällig – aber nicht ganz. Es sind Geschichten mit persönlichem Bezug, die mich erreichten. Es sind Geschichten, die sonst nicht erzählt werden. Ich habe auch Geschichten gehört, die mich überforderten und überwältigten. Diese mute ich mir und anderen nicht noch einmal zu.

Dresden

Der Bombardierung Dresdens wird alljährlich eindrucksvoll gedacht. In der gleichen Nacht vom 13./14. Februar wurde auch Breslau zerschossen und zerbombt, weil es von den Naziverbrechern zur Festungsstadt erklärt worden war. In Dresden lief die Mordmaschine danach immer noch weiter: Die Gestapo spürte noch bis Ende April 1945 akribisch Juden auf, hat sie deportiert oder ermordet.

Professor Dr. Rainer Fetscher wurde am 8. Mai 1945 erschossen, als er mit einer Gruppe von Dresdner Bürgern auf dem Weg zur sowjetischen Kommandantur war, um die kampflose Übergabe der zerstörten Stadt auszuhandeln. Fetscher gilt als einer der wenigen Widerstandskämpfer Dresdens. Er wurde vermutlich von abrückenden SS-Männern ermordet. Es könnten bei den in der Stadt herrschenden chao-

---

[82] Gundel u. Christoph Seidler.

tischen Zuständen auch sowjetische Soldaten gewesen sein.[83] Mir geht es aber darum: Er war auf dem Weg, um irgendeinen Schritt aus dem Krieg herauszugehen, und er wurde erschossen. Das Schwungrad des Tötens war sehr schwer anzuhalten. Davon berichten eigentlich alle nachfolgenden Beispiele.

Bullenhuser Damm in Hamburg

In einem SS-Keller am Bullenhuser Damm in Hamburg hat es am 20. April, also zehn Wochen nach diesem Bombardement Dresdens nach Aufzeichnungen von Tätern „furchtbar lange gedauert, 20 jüdische Kinder zu erhängen". Dass es selbst vor Kindern keine Hemmschwelle mehr gab, verwunderte sogar den SS-Arzt Alfred Trzebinski. Er gab den Kindern Morphinspritzen, dann nahm der SS-Unterscharführer Frahm einen

> 12-jährigen Jungen auf den Arm und sagte zu den anderen: Er wird jetzt ins Bett gebracht. Er ging mit ihm in einen Raum, der vielleicht sechs bis acht Meter von dem Aufenthaltsraum entfernt war, und dort sah ich schon eine Schlinge an einem Haken. In diese Schlinge hängte Frahm den schlafenden Jungen ein und hängte sich mit seinem ganzen Körpergewicht an den Körper des Jungen, damit die Schlinge sich zuzog. Ich habe in meiner KZ-Zeit schon viel menschliches Leid gesehen und war auch gewissermaßen abgestumpft, aber Kinder erhängt habe ich noch nie gesehen.[84]

Oranienburg

Zwischen 1940 und dem 20. April 1945 erlebte Oranienburg 13 Luftangriffe.[85] „Am 15. März 1945 startete die US-Airforce einen der schwersten Luftangriffe auf Oranienburg. In einer knappen Stunde regneten mehr als 4000 Bomben, abgeworfen von 612 Flugzeugen, auf die Stadt nieder."[86]

[83] Widera 2004, S. 54f.
[84] Trzebinski zit. in: Schwarberg 2005, o. S.
[85] Vgl. www.moz.de/lokales/oranienburg/ruestungswettlauf-begann-bei-auer-48415834.html (23.12.2020).
[86] Vgl. www.sachsenhausen-projekte.de/auer-werke (23.12.2020).

Der Angriff galt vor allem den Uranaufbereitungsanlagen in den Auerwerken, er zerstörte fast alle Werkhallen und Häftlingsunterkünfte.[87] Etwa 1944 bekam die US Army mit, was dort vor sich ging. Zu diesem Zeitpunkt war auch klar, dass der Krieg für Deutschland verloren war, Deutschland in verschiedene Besatzungszonen aufgeteilt werden und Oranienburg zur sowjetischen Zone gehören sollte. Es ging nicht mehr um Hitlers Wunderwaffe, sondern um den *Wettlauf mit der Sowjetunion* um die Herstellung der Atombombe.

Mit den Schlachten auf den Seelower Höhen und bei Halbe (24. bis 28. April 1945) rückte die Rote Armee den Urananlagen bedrohlich nahe. Die Fabrikationsanlagen und Rohmaterialien („schweres Wasser") sollten der Sowjetunion nicht in die Hände fallen.[88] Mehr als 300 Zwangsarbeiter und Häftlinge kamen ums Leben. Diejenigen, die die Angriffe überlebten, wurden am 21. April 1945 auf einen Todesmarsch geschickt.

Hartberg/Steiermark

Nach einer Führung im August 2006 durch den geschichtsträchtigen Ort mit der „Pestsäule" und der „Türkensäule" auf dem Markt und dem Kapuzinerkloster mit seinen massiven hohen Mauern fragt unser Gastgeber, der Steiner, ob uns auch erzählt wurde, was in diesen Klostermauern geschehen ist. „Natürlich nicht", antwortet er selbst, und so muss er erzählen:

Im Frühjahr 1945 ist allen klar, dass der Krieg verloren ist. Die Frühjahrsbestellung liegt an, die jungen Kerle sind nach Hause gegangen, wo sie dringend gebraucht wurden. Die SS hat am 4. Mai 1945 zahlreiche Bauernsöhne verhaftet und an diesen Klostermauern erschossen. Einer von denen sei über die hohe Mauer entkommen: „Da laaft er, da laaft er, haben die Leut gerufen! Die Leut, die eigenen Leut! Dann haben sie den auch noch erschossen!"

Uns und dem Steiner kamen die Tränen. Er konnte sich lange nicht beruhigen. Zu Recht, denn an diese Vorgänge erinnert sich in diesem

---

[87] Vgl. ebd.
[88] Seifert 2013.

zutiefst katholischen Ort keiner gern. Ein Gedenkstein auf dem Friedhof trägt die unspezifische Inschrift „Zum Gedenken an die Opfer der
letzten Kriegstage 1945". Die Gräber der Widerstandskämpfer wurden
denen der Wehrmachtssoldaten angepasst. Es gab neben diesen Bau-
ernsöhnen nämlich auch eine aktive Partisanengruppe. Deren Mitglieder und womögliche Sympathisanten wurden noch am 7. Mai von SS-
Einheiten auf ihrem Rückzug unterwegs erschossen. Am 7. Mai 1945!

Güstrow

Slata Kowalewskaja kam mit zwanzig Jahren aus der besetzten Ukraine
als Fremdarbeiterin nach Güstrow. Der folgende Auszug aus dem Text,
den Gundel Seidler nach Gesprächen mit ihr verfasst hat,[89] beschreibt
das tödliche Misstrauen, die Angst und den Mut.

> 1945, am letzten Tag im April, sucht Hauptmann Beltz sie auf. Er ist
> Leiter des Volkssturms und hat gehört, dass die Russen am nächsten
> Morgen im nahegelegenen Plaaz angreifen würden, einige Kompa-
> nien Volkssturm haben sich dagegen formiert. Er brauche unbe-
> dingt eine Person, die den Russen seine Pläne übersetzen könne
> für eine kampflose Übergabe der Stadt. Welche Gründe den Haupt-
> mann zu dem Vorhaben bewegen, darüber lässt sich nur spekulie-
> ren – vermutlich will er Gefahr von seiner Geliebten und seiner
> Familie in Güstrow abwenden. Auf jeden Fall ist Beltz ein muti-
> ger Mann, schließlich hat er Befehl von der SS, die Stadt auf keinen
> Fall kampflos zu übergeben, sondern im Gegenteil, bis zum letzten
> Mann zu kämpfen. Die SS ist schon Richtung Westen verschwun-
> den. Auch Slatas Leben ist in Gefahr. Sie hat ein Kind von einem
> Deutschen, und die Rote Armee ist gnadenlos mit „Überläufern".
> Beltz überredet sie schließlich zur Mithilfe. Und so gerät Slata am
> 1. und 2. Mai in der sowjetischen Kommandantur als Dolmetsche-
> rin für Hauptmann Beltz in die Verhandlungen um die kampflose
> Übergabe. „Hätte ich von Anfang an gewusst, wie schwer es wird
> und welche Ängste ich ausstehe, hätte ich vielleicht abgelehnt. Aber
> dann war ich einfach mittendrin und musste durch."
> Kurz vor Mitternacht ziehen Slata und Beltz auf geborgten Fahr-

---

[89] G. u. C. Seidler 2019.

rädern los. Es gibt nur zwei weitere Personen, die eingeweiht sind. Sie hat gar nichts bei sich. Beltz hat zumindest seinen Ausweis und eine Waffe. In Slatas Deutsch ist der russische Akzent nicht zu überhören, deshalb schärft der Hauptmann ihr ein, nur zu flüstern oder am besten gar nichts zu sagen. Insgesamt müssen sie drei Posten passieren, was bei den ersten beiden noch einfach ist. Kurz nach dem dritten aber, hier sind die Soldaten schon ohne Offiziere, steht ein Panzer. Sie springen von den Fahrrädern und verstecken sich im Gebüsch, bis sie merken, es ist ein verlassener deutscher Panzer. Sie fahren weiter – vorbei an einem Pferd mit verbundenen Vorderläufen. Sie sind nun fast dort angelangt, wo der Kommandant sie empfangen soll. Beltz gibt immer wieder die vereinbarten Lichtsignale, erhält aber keine Antwort. Plötzlich ruft jemand aus dem Dunkeln: „Halt!" Slata hatte noch nie so viel Angst wie in diesen Minuten. Sie springen abermals von den Rädern, umringt von Soldaten mit rotem Stern. Mit vorgehaltenen Maschinenpistolen werden sie zur Telefonzentrale geführt.

Beltz wird die Waffe abgenommen, die Fahrräder sind für immer fort. Sie werden einzeln verhört, Slata darf nicht für Beltz übersetzen. Bei ihr sind sie strenger als bei ihm: Ihr Erscheinen mit einem Deutschen ist für die Russen unbegreiflich. In der Nacht bringt man sie im nächsten Ort unter, sie dürfen sich ausruhen. Nirgends sind sie mehr allein, sogar zur Toilette geht ein Bewaffneter mit. Am Morgen werden sie von einer Stelle zur nächsten gefahren. Der Hauptmann muss beständig wiederholen, warum er mit Slata gekommen ist. Sie übersetzt nun – und man glaubt ihnen nicht; das Misstrauen ist ja auch nicht verwunderlich. Slata hört, wie sie diskutieren, ob man Güstrow angreife oder dem Feind glauben soll. Plötzlich werden sie wieder in ein Auto verfrachtet und bis vor Güstrow gefahren. Auf einem Feld stehen Soldaten in mehreren Reihen, versetzt, in etwa fünf Metern Abstand. Rechts vom Auto ein Lastwagen mit einem Maschinengewehr, einer „Katjuscha" – auf Güstrow gerichtet. Der Offizier, der die beiden die ganze Zeit begleitet und unterwegs mit ihnen geplaudert hat, wird wieder ganz streng und befiehlt ihnen, unverzüglich in die Stadt zu laufen: Slata soll alle Pastoren ins Rathaus bestellen und Beltz sämtliche Verwaltungsbeamten.

Ein beängstigender Gang. Sie hören Schüsse aus der Kaserne und denken, Güstrow werde nun doch schon beschossen. Später erfahren sie, dass Munition explodiert ist. Slata findet ihren Dienstherren, den Probst, richtet alles aus und kann nun auch erzählen, wo sie in den vergangenen Tagen war. Sie will nur noch, endlich, zu ihrer Tochter und der Frau, die sie die ganze Zeit betreut hat. Überall hängen schon weiße Fahnen. Unterwegs hört sie abermals Schüsse und sucht sich erschöpft einen Keller, wo Beltz sie findet. Dieser hat dem begleitenden Offizier versprochen, den russischen Truppen mit entgegenzufahren. Slata weiß nicht, warum sie noch dabei bleiben soll, aber Beltz besteht darauf.

Beltz sitzt am Lenkrad, hinten hält ein Unbekannter eine weiße Fahne aus dem Auto. Am Marktplatz kommen drei betrunkene russische Soldaten auf sie zu, Slata soll sofort aussteigen, sie schimpfen sie eine Verräterin, die mit den Deutschen fliehen will. Slata versucht ihnen zu erklären, dass sie den russischen Truppen entgegenfahren. Da ruft ein russisches Mädchen, auch eine Ostarbeiterin, sie lüge. Sie kenne sie und wisse, wo sie arbeite.

Der Soldat lässt sie aussteigen, um sie zu erschießen. Slata hält sich am Lenkrad fest und sagt, dann solle er sie im Auto erschießen. Immer mehr Soldaten kommen dazu, plötzlich weicht der Angreifer zurück, wohl weil es ihm befohlen wurde. Von dem Augenblick an ist ihr klar: Sie muss ganz schnell aus dem Auto verschwinden, so was kann jederzeit wieder passieren. Als sie etwa dreißig Meter vom Auto entfernt ist, ruft abermals jemand: „Stoj!" Halt! Slata denkt nun, ihr letztes Stündlein hat geschlagen – es ist ebenjener Soldat, der ihr geholfen hatte, unbemerkt aus dem Auto zu kommen. Er nimmt ihr die Armbanduhr ab und sagt: „Lauf!" Bei jedem Schritt, den sie geht, glaubt sie, er werde schießen. Schließlich gelangt sie zum ersten Haus und schleppt sich hinein. Es ist dunkel geworden. Der Hausbesitzer meint, sie müsse wieder gehen, weil es bei der Überprüfung von den Russen sonst Ärger gibt. Sie tut, als ginge sie, schleicht dann aber auf Strümpfen nach oben und versteckt sich hinter einem großen Fass. Die Hausbewohner entdecken sie jedoch und jagen sie hinaus.

Slata irrt umher, in der großen Angst, noch einmal nahe dem Auto mit Beltz gesehen zu werden. Sie sieht es von Weitem, viele Menschen stehen ringsum. Überall an den Häusern hängen weiße Fahnen. Endlich findet sie einen Hauseingang – weit genug entfernt, im Keller viele Menschen. Sie will auch hinein, aber man ruft sie nach oben. Im Treppenhaus muss einer seine neuen Stiefel ausziehen und einem russischen Soldaten geben. Slata schimpft den jungen Mann aus. Er nimmt nur noch eine Taschenlampe mit und verschwindet. Slata sagt allen Leuten im Haus, sie sollten niemanden hereinlassen, sondern sie rufen, wenn wieder Soldaten kommen. Die ganze Nacht über kommen sie und wollen plündern. Slata ruft dann auf Russisch: „Hier ist schon besetzt!" Als die Leute merken, wie sehr sie ihnen nützt, darf sie bleiben. Und tatsächlich fällt kein einziger Schuss auf die Stadt.

[...]

Slata erzählte uns, ihre Kinder hätten ihr eingeschärft, sie möge nicht so vertrauensselig sein und Fremden von sich erzählen. Wie leicht könnte man sie immer noch missverstehen oder denunzieren. – Wie gut, dass sie nicht auf die Kinder gehört hat. Ihre erste Liebe zu dem jungen deutschen Soldaten hatte vielleicht den Grundstein gelegt dafür, wie eine Parlamentarierin Feinde zu versöhnen, denke ich so bei mir, und dass diese Liebe dann imstande war, eine Kriegserklärung außer Kraft setzen.[90]

Angermünde

Als sich im Frühjahr 1945 vom Osten die Rote Armee näherte, verließen die letzten deutschen SS- und Wehrmachtseinheiten die Stadt in Richtung Westen. Einige Tage zuvor wurden im Friedenspark jedoch noch drei deutsche Soldaten wegen versuchter Fahnenflucht an Bäumen erhängt. Bei ihrem Rückzug zerstörten die Deutschen auch noch das Wasserwerk und eine Eisenbahnbrücke. Die verbliebenen Einwohner diskutierten ihre Handlungsmöglichkeiten. Sie wollten verhindern, dass ihre Stadt bei der Einnahme durch die sowjetische Armee zerschossen wird. Die Angermünder beschlossen, eine Delegation mit weißer Fahne den sowjetischen Truppen in Richtung Schwedt entgegenzuschicken, um die Stadt kampflos zu übergeben. Die Wahl fiel auf zwei Parlamentarier, einen Bäckermeister und den Juwelier Walter Kurt Nölte. Am 27. April

---

[90] Ebd., S. 211–214.

1945 trafen sie am Friedhof vor den Toren der Stadt auf sowjetische Einheiten, und es erfolgte die kampflose Übergabe der Stadt, die somit vor ihrer Zerstörung gerettet wurde. Erleichtert über die Rettung der Stadt kehrten sie nach Angermünde zurück. Die Tragik und die Schmerzen des Krieges sollte Kurt Nölte bald zu spüren bekommen. Seine Ehefrau und ihre Schwester wurden von sowjetischen Soldaten vergewaltigt, sodass sie sich das Leben nahmen. Drei Tage später beendete auch Nölte sein Leben, da der Schmerz über diesen Verlust nicht auszuhalten war.[91]

Greifswald

In der Nacht vom 29. zum 30. April 1945 fuhr eine Parlamentärgruppe den feindlichen Linien entgegen. Die Gruppe bestand unter anderem aus dem Rektor der Universität Carl Engel, dem Direktor der Medizinischen Universitätsklinik Gerhardt Katsch[92], dem Wehrmachtsoffizier Rudolf Petershagen und dem stellvertretenden Stadtkommandanten Oberst Max Otto Wurmbach. Während der nächtlichen Verhandlungen im brennenden Anklam gelang es den Parlamentären, den sowjetischen General davon zu überzeugen, dass sich Greifswald kampflos ergeben werde. Der sowjetische Angriff stand unmittelbar bevor, und in Greifswald waren wichtige Gebäude mit Sprengladungen versehen, wie es die Nazis für „Festungsstädte" geplant haben. Im Gegensatz zu den Nachbarstädten Anklam und Demmin wurde Greifswald so vor der Zerstörung gerettet.

1945 bis 1948 kam Petershagen in sowjetische Kriegsgefangenschaft. Nach seiner Entlassung 1948 kehrte er nach Greifswald zurück. Zunächst wirkte er in Greifswald beim Aufbau der Nationaldemokratischen Partei mit, die als politische Heimat ehemaliger Offiziere der Wehrmacht und bekehrter Mitläufer der Nazis galt. Anlässlich einer Reise 1951 nach München wurde Petershagen vom amerikanischen Geheimdienst wegen Beihilfe zur Spionage verhaftet. Während der Untersuchungshaft wurde er schwer lungen- und herzkrank.

Petershagen wurde später von einem amerikanischen Militärgericht zu zweimal sechs Jahren Zuchthaus verurteilt, von denen er vier Jahre in absaß. Während der Haft wurde Petershagen von Vertretern des ameri-

---

[91] Auf einer Gedenktafel im Stadtzentrum von Angermünde.
[92] Nach ihm wurde das DDR-zentrale Institut für Diabetes in Karlsburg benannt.

kanischen Geheimdienstes dazu gedrängt, die DDR zu verlassen. Dafür bot man ihm Freiheit und eine Pension als Oberst. Petershagen lehnte das Angebot ab. Er wurde 1955 begnadigt und gegen einen Gefangenen in der DDR ausgetauscht.

Nach seiner Rückkehr 1955 ernannte ihn die Stadt Greifswald zum Ehrenbürger. In der DDR wurde er zu einer Kultfigur, zum Symbol für die Rettung Greifswalds und streitbarer Kämpfer gegen Aufrüstung der Bundesrepublik unter Konrad Adenauer. 1956 wurde Petershagen zum Ehrensenator der Ernst-Moritz-Arndt-Universität berufen. Danach bekleidete er weniger bedeutende politische Ehrenämter und arbeitete überwiegend als freischaffender Schriftsteller.[93]

Demmin

In den drei norddeutschen Städten Güstrow, Angermünde und Greifswald sind SS, Gestapo und Wehrmacht vor der Roten Armee in die voraussichtlich britische Besatzungszone geflohen. Es waren wenige, bei denen es ein Erwachen von Zivilcourage, Lebenswillen und Risikobereitschaft gab. Der Bann der totalitären Soldatenmatrix wurde brüchig. Aber das waren Einzelfälle. Totalitäre Systeme, also totalitäre Matrizes, bedürfen totaler Selbstlosigkeit. Das erschreckendste Beispiel dafür sind die Vorgänge in Demmin.

Als die Vergewaltigungen und die Erschießungen von SS-Leuten durch die Rote Armee der Nazipropaganda vom slawischen Untermenschen direkt in die Hände arbeiteten, war in Demmin die Angst vor der Roten Armee so groß, dass keiner auf die Idee einer Verhandlung oder gar Kapitulation kam.

Stattdessen starben bis zu tausend Menschen, die sich im Kummerower See ertränkt hatten[94]. Es muss eine solche Untergangsstimmung geherrscht haben, dass auch andere mögliche Todesarten suizi-

---

[93] Rudolph Petershagen (1901–1969) lernte ich 1967 im Krankenhaus der Volkspolizei Berlin kennen. Ich studierte Medizin und arbeitete als Sitzwache an seinem Bett. Er war ein netter älterer Herr und wir hatten viel Zeit. Er erzählte von der Kapitulation Greifswalds und von seinem Buch „Gewissen in Aufruhr". Diese Geschichte hat mich sehr bewegt, ich habe sie nicht vergessen und sie begründete auch die Idee von der Sammlung dieser Geschichten – trotzdem musste ich neu recherchieren. (Siehe Wikipedia-Eintrag „Rudolf Petershagen".)

[94] Lenz 2018.

dal genutzt worden: Erhängen – tagelang hingen die Leichen an den Straßenbäumen –, Vergiften, Erschießen … Ein Mann bat einen Jäger, ihn und seine Familie zu erschießen – und der tat das![95] Nach der Wende und der Deindustrialisierung gab es 2007 in den verödenden Regionen Ostdeutschlands einen Männerüberschuss von 25 Prozent. Diese Frauendefizite sind europaweit ohne Beispiel. An der Spitze aber steht: Demmin mit 30 Prozent. Dafür gibt es einen jährlichen heroisierenden Aufmarsch der Neonazis, übrigens aus ganz Europa. Die Tradierung der Kriegstraumata setzt sich fort. Bis in welche Generation?

Berlin

Wir wundern uns über die Häufigkeit von Selbstmordattentaten bei muslimischen Terroristen. Totalitäre Systeme, bedürfen wie eben erwähnt totaler Selbstlosigkeit. Mit dem Untergang des Nazireiches überzog eine Welle von Suiziden Deutschland: Den Anfang machten Hitler, Göbbels und Co im Führerbunker. Im Zuge der Vergewaltigungen und die Erschießungen von SS-Leuten durch die Rote Armee gab es im Osten ganze Suizidepidemien. Am drastischsten war die Situation in Berlin.

An den Sieg der Alliierten über Deutschland am 8./9. Mai wird alljährlich erinnert, in der DDR seit jeher als „Tag der Befreiung", im Westen erst ab 1985, als Bundespräsident Weizsäcker ihn so nannte. Es bleibt dennoch auch ein Trauertag. Nur eine kurze Erinnerung an diese Ereignisse beim Kampf um Berlin: Bei der mörderischen Schlacht um die Seelower Höhen (16. bis 18. April 1945) fallen 12 000 deutsche und 33 000 sowjetische Soldaten.[96] Bei der Schlacht um Halbe (24. bis 28. April) stehen 300 000 sowjetische Soldaten 150 000 jener deutschen Soldaten gegenüber, die von der Schlacht um die Seelower Höhen übrigblieben, es gibt 40 000 Tote, 25 000 Deutschen gelingt der Durchbruch zu den Amerikanern in die Kriegsgefangenschaft.

Am 29. April verfasst Hitler sein Testament. Er heiratet Eva Braun. Großadmiral Karl Dönitz wird Reichspräsident. Am 30. April suizidieren sich Hitler und Eva Braun.

Am 1. Mai suizidieren sich Goebbels und seine Frau, nachdem ein Arzt die sechs Kinder ermordet hat.

---

[95] Farkas 2017.
[96] Siehe Wikipedia-Eintrag „Schlacht um die Seelower Höhen" (23. 12. 2020).

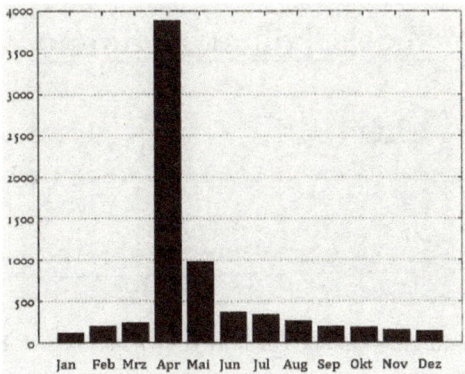

Abbildung 4: Selbstmordzahlen für Berlin 1945[99]

Der Führerbunker geht in Rauch auf. Bei diesen letzten Kämpfen fallen noch einmal 170 000 Soldaten, 500 000 werden verwundet, auch Zehntausende Zivilisten.[97] Das Morden ist deswegen so unerbittlich, weil die SS-Truppen, die den Führerbunker verteidigen – dort zumeist französische SS-Verbände –, ohnehin nur noch den Tod zu erwarten haben. Es fällt schwer, den emotionalen Zustand dieser SS-Leute mit dem jenes jungen sowjetischen Soldaten zu vergleichen, wie ihn Jenny Erpenbeck beschrieben hat.[98] Wenn jedoch die unmenschlichsten Ideologien konkret werden, wenn sie Realitätscharakter bekommen, wenn die schlimmsten Projektionen sich erfüllen, wenn der „russische Untermensch" plötzlich leibhaftig auftaucht, wenn eigene Kameraden von Granaten zerfetzt werden, wenn Berge von Leichen entstehen, die niemals Menschen gewesen sein dürfen – dann frisst das Trauma Krieg jede menschliche Regung. Leben überhaupt gilt nichts mehr, und Töten wird zum einzigen Lebensinhalt.

Am 1. Mai: Die Sowjetfahne weht auf dem Reichstag.

Am 2. Mai gibt der Kampfkommandant der Wehrmacht General Helmuth Weidling den Befehl zur Einstellung aller Kampfhandlungen. Das Töten geht jedoch weiter, nun in Form von Suiziden. Dazu gibt es für Berlin lediglich eine Statistik (Abbildung 5), und über sie kann man nur sagen, dass sie mit Sicherheit deutlich zu niedrig ist.

---

[97] Siehe Wikipedia-Eintrag „Schlacht um Berlin" (23. 12. 2020).

[98] Siehe zu Beginn dieses Kapitels I.

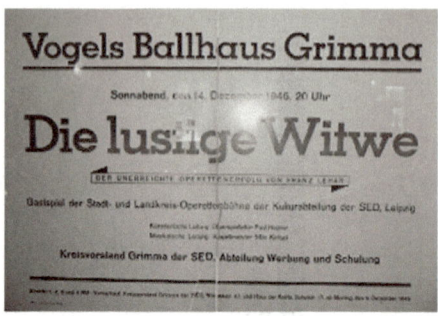

Abbildung 5: Ankündigungsplakat *Die lustige Witwe*, Vogels Ballhaus, Grimma, 1946 (Foto: privat).

Grimma

Ganz anders: *Die lustige Witwe* in Grimma. 1946. Der Hungerwinter 1946 kostete Millionen Menschen das Leben. Nach dem Krieg gab es Millionen Waisen und Kriegswitwen. War der Blick zurück ein Abgrund? War die Empathielosigkeit ein Überlebensmittel? Werbung für die neugegründete SED? Auch in den sowjetisch besetzten Gebieten entstanden Mythen, die einen moralischen Neubeginn ermöglichten.

Mit dem zeitlichen Abstand von sechzig Jahren beurteilte die deutsche Historikerin Monika Flacke[100] die Situation in Ostdeutschland so:

1945/49 ging es darum, einen glaubhaften Neubeginn mit glaubhaften historischen Wurzeln zu versehen. Man musste das vergangene gemeinsame Leben, in dem die größten Verbrechen stattgefunden hatten, in eine Erzählung einbinden, welche die Gründung des Staates legitimierte und seine Friedfertigkeit vermitteln konnte. Die SED, die nach ihrer Gründung am 22. April 1946 sehr bald unter bis ins Detail gehender sowjetischer Kontrolle zunehmend die deutschen Verwaltungsorgane in der Sowjetischen Besatzungszone dominierte, bezog sich in ihrem Gründungsmythus auf den Antifaschismus bzw. auf die Befreiung vom Faschismus. Neben der Befreiung durch die Rote Armee wurde der kommunistische Widerstand eine der tragenden Säulen in der nationalen Geschichtsschreibung.

---

[100] Flacke 2005, S. 173.

In den ruinösen politischen Systemen, zwischen den Menschen und innerhalb ihrer Seelen waren zum Überleben die schwersten Abwehrbatterien erforderlich – die Spaltungen. Diese durchzogen alles – Länder, Nationen, Beziehungen, Seelen – und tun es bis heute.[101] Wie Überlebensnotwendig auch die Geschichtsmythenbildungen waren, ist kaum noch vorstellbar. Sie wirken aus heutiger Sicht zu leicht durchschaubar, manchmal fast lächerlich, und doch zeigen sie heute noch Wirkung.

---

[101] C. Seidler 2015, S. 89.

III NACH-KRIEG

In diesem Kapitel weisen wir nach, dass Kriege noch lange nach ihrem Ende bei den Menschen der nachfolgenden Generationen Unheil anrichten. Dieses Wissen ist vielleicht ein Argument mehr, den nächsten Krieg nicht zu beginnen. Bei der Überlegung, Waffen einzusetzen, geht es eben nicht nur um einen „Waffengang" oder einen „robusten" Einsatz! Es geht um Unglück, Krankheit, Elend über Generationen hinweg. Das muss allen klar sein. Kriegsherren sollten das wissen, bevor sie die Tötungsmaschinen anwerfen. Im Zentrum dieses Kapitels stehen daher die transgenerationellen Übertragungen von Traumatisierungen. Dieses neue Forschungsfeld fragt: Wie werden die Verletzungen, Traumatisierungen oder Schiefheilungen auf die nächsten Generationen übertragen? Um das zu untersuchen, werden hier Biografien und Krankengeschichten vorgestellt als Dokumente des Forschungsfeldes „transgenerationelle Transmissionsmechanismen".

Die Annäherung an dieses Thema geschah zunächst retrospektiv: Es kamen Patienten, deren Leid sich nach und nach als Reaktion auf Traumen in der Familienanamnese erschloss: Das affektive Gedächtnis blieb unerbittlich verstörend, das autobiografische Gedächtnis wies höchstens Spuren von Erinnerungen auf, die diese Verstörung erklären könnten. Erst deren Erhellung ermöglichte die entscheidenden Einsichten und konnte die Dämonen aus der Vergangenheit entzaubern.

Es handelt sich um Kranken-Geschichtsschreibung. Menschliches Dasein ist nur in seinem zeitgeschichtlichen Bezug zu verstehen, und Geschichte wird dann begriffen, wenn sie in menschliche Schicksale übersetzt werden kann. So wird deutlich, wie politisch Kranken-Geschichtsschreibung ist. Die geschilderten Lebensläufe können das emotionale Verständnis und das Nachfühlen dieser Prozesse und Schicksale ermöglichen, dafür sind sie aufgeschrieben. Die Einführungen in theoretische *psychoanalytische oder gruppenanalytische Vorstellungen können beim rationalen Verstehen und Einordnen helfen und auch zu psychoanalytischer Denkweise „ver-"führen.*

1 Zwei Beispiele gesellschaftlicher Deformation als Kriegsfolge

Mit „Bloodlands"[102] werden Gegenden bezeichnet, in denen der Krieg besonders tobte. Dort hinterließ er Verwüstungen in Landschaften, zwischen Menschen und in ihren Seelen. Der Krieg hinterließ auch ruinöse politische Systeme. Die daraus resultierenden Nach-Kriegs-Prozesse waren alles andere als friedlich, sondern durchdrungen von verheerenden, immer noch kriegsbedingten Spaltungen, von Ideologie- und Mythenbildungen.

Nach dem Ende des Zweiten Weltkriegs stand Europa vor unvorstellbaren Problemen. Von den heute geschätzten über 50 Millionen Toten waren die Hälfte Zivilisten, einschließlich 5 bis 6 Millionen Juden und Millionen weiterer Bewohner Ost- und Südosteuropas. Europa war voll von Flüchtlingsströmen, von Vertriebenen und Heimatlosen, die Städte Europas waren ein Trümmer- und Ruinenfeld ohnegleichen. In Scherben lagen auch alle ethischen, religiösen und eben auch nationalen Werte. Aus der heutigen Sicht beschreibt die Historikerin Monika Flacke, wie notwendig und unumgänglich damals Mythenbildungen und Spaltungen waren:

> Die Nationen sahen sich nicht nur mit den Problemen des Wiederaufbaus konfrontiert, die zerrissenen Gesellschaften, mehrfach gespalten zwischen Mitläufertum, Kollaboration und Widerstand, mussten sich neu konstituieren. Im ideologischen Zentrum dieser Gründungen stand die Vorstellung, dass der Widerstand die Nation in der Zeit der Besatzung verteidigt habe. Wenn es auf beiden Seiten des Eisernen Vorhangs am Ende eine gewisse Stabilität gab, so lag dies wesentlich auch an Geschichtskonstruktionen, die im Widerstandsmythos den symbolischen Sockel der nationalen Wiedergeburt sahen.[103]

Ich habe als Ausdruck kriegsbedingter Spaltungen totalisierende Auswüchse des Kommunismus und der Neuverteilung Europas ausgewählt,

---

[102] Snyder 2011.
[103] Flacke 2005, S. 8.

Abbildung 6: Ernst Barlach, Friedensmahnmal im Dom zu Magdeburg, Postkarte, 1929.

um zu zeigen, wie gesellschaftliche Deformationen noch im Nachkrieg über Menschen hinwegfegten und sie verwundet hinterließen.

Der Zusammenhang zwischen Krieg und Kommunismus

Für mich ist der Kommunismus noch immer eine lebensbejahende Utopie. Er war auch im Zusammenhang mit dem Kriegsende offensichtlich eine überlebenswichtige, weil Schmerz, Schuld und Scham begrenzende Ideologie. Als real existierendes Gesellschaftssystem wurde er zu oft totalitär. Ich will aus diesem hochkomplexen Geschehen „Kommunismus" nur die eine – wiederum komplexe – Spur holzschnittartig verfolgen: den psychohistorischen Zusammenhang von Krieg, Kommunismus und emotionalen Notfallstrategien.

Der Krieg hinterlässt emotional ruinierte, gespaltene Seelen. An was sollen die sich klammern, um zu überleben, an was? Bei den demoralisierten Menschen konnte die großartige Idee von der „Gerechtigkeit in der Welt" zünden und moralisch aufrichten.

Die kommunistische Gesellschaft in der Sowjetunion entstand nicht zufällig im Zusammenhang mit dem Ersten Weltkrieg. Der Historiker Gerd Koenen meint, man sollte sich die Geschichte des Kommunismus „nicht als die einer von intrinsischen Motiven getriebenen idée-force

vorstellen, einer ewigen Menschheitsidee"[104]. So gesehen sei der Griff
des Leninismus nach Marx auch ein Kunstgriff, Marx und Lenin haben
eigentlich wenig miteinander zu tun. Verabschiedet man sich aber von
der „ewig glimmenden Menschheitsidee", dann müssen andere Ener-
gien im Spiel sein: „Das eigentliche historische Kraftfeld [...] ist erst
der Weltkrieg ab 1914 gewesen."[105] Der Bruch der Zivilisation war eben
nicht erst 1933, sondern bereits 1914. Manche Historiker sprechen deswegen auch vom zweiten Dreißigjährigen Krieg 1914 bis 1945.

Ohne den Ersten Weltkrieg ist die Entgleisung der Kultur in den
Nationalsozialismus also nicht vorstellbar, und auch „der historische
Zusammenhang von Krieg und Kommunismus" war „essenzieller Natur"[106]. Krieg führt zunehmend zu einer gesellschaftlichen Entdifferenzierung in ein Schwarz-Weiß-Denken, und bei den Menschen bis in tief-
ste seelische Spaltungen.

Entdifferenzierung und Spaltung sind für Terrorregimes unerläss-
lich. Für die existiert keine Opposition, kein Widerspruch im eigenen
Denk- und Lebenssystem. Dafür sind die anderen grundsätzlich die
Feinde. Die für den Krieg so „nützliche" Aufspaltung in Gut und Böse
der Welt besteht fort – über Generationen.

Nun hat es noch nie eine „gerechte Welt" gegeben, wohl aber totalitäre Systeme, und zwar unter der Führung von Schichten, Klüngeln
oder Cliquen. Unter einer „Cliquenwirtschaft" Lenins zum Beispiel
(Rosa Luxemburg[107]) aber gab es keine Demokratie. Der Stalinismus
forderte 50 Millionen Opfer. Bis heute nennen sich die bizarren Tyran-
nen in Stammesgesellschaften wie in Nordkorea „Kommunisten". Das
hat die Utopie und den Begriff des „Kommunismus" wohl endgültig dis-
kreditiert.

In der Nachkriegszeit hatte der Kommunismus viele Funktionen:
Im Westen war die Angst vor den Russen und den Kommunisten all-
gegenwärtig und auch gemeinschaftsstiftend. Im Osten gab es ein dro-
hendes Hintergrundrauschen der neuen Mächtigen. Andererseits „ent-
schuldete" es auch, sich mit den Befreiern zu identifizieren. Der Glaube

---

[104] Koenen 2010, S. 15.
[105] Ebd., S. 22.
[106] Ebd., S. 23.
[107] Kautsky 1929/1997, S. 78f.

an eine „gute Sache" und an ein neues Deutschland half auch zu überleben und mobilisierte Kräfte zur Wiederbelebung von Zivilisation, Wirtschaft und Kultur.

Diese Beschreibung ist holzschnittartig. Und dennoch: Noch sechzig Jahre nach Kriegsende beschreibt Sabine Bode die Spätfolgen des Gut-Böse-Denkens:

> Durch die Wiedervereinigung wurden die letzten politischen Kriegsfolgen beseitigt, und wie sich dann einige Jahre später zeigte, wurde Raum für gesellschaftliche Themen geschaffen, die durch das Klima des kalten Krieges nicht an die Öffentlichkeit gedrungen sind. Das jeweilige Auftreten der Ideologie West gegen Ideologie Ost und umgekehrt war so selbstgerecht und laut und so sehr auf Einschüchterung programmiert, dass Nachdenklichkeit, feine Schattierungen und leise Töne davon regelrecht aufgesaugt wurden.[108]

Erst 2020, dreißig Jahre nach der Wiedervereinigung und fünfundsiebzig Jahre nach Kriegsende, gibt es Versuche, die Traumata durch die Wende zu besprechen und sogar die Kultur der DDR angemessen zu würdigen.

Vertreibungen und die Psychose der Vorläufigkeit

Die Welt neu verteilen – diese unglaubliche Position gibt es nur als Kriegsfolge, ob im Versailler Vertrag, im Hitler-Stalin-Pakt oder im Potsdamer Abkommen. Auch die Verteiler, die Alliierten, müssen kriegsbedingt unter gottgleichen Gerechtigkeitsvorstellungen gestanden haben. Aus heutiger Sicht sind die Selbstherrlichkeit, die Willkür und die Nachlässigkeit, mit der Menschengruppen wie Trümmerberge hin und her geschoben wurden, ohne seelische Abspaltungen auch bei den Verteilern nicht mehr zu verstehen. Aus der Verelendung hervorgegangen, wurde so neues Elend geschaffen. Noch im Nach-Krieg waren alle moralischen Maßstäbe verloren gegangen.

Flucht und Vertreibung bringen seelische Beschädigungen mit sich. Zu diesem Unglück gehört auch, dass Flüchtlinge einen schlechten Ruf

---

[108] Bode 2004, S. 25.

haben, der dann immer an deren Nation oder Ethnie festgemacht wird: Pollaken, Russen, Schlesier, Bessarabier. Oder heute: Kameltreiber, Fidschis. Das ist dann doppeltes Unrecht. Einen Extremfall von Migration und Erleben von Fremdheit beschreibt Gregor Thum in *Die fremde Stadt Breslau 1945*[109]. Nachdem die Deutschen fast restlos aus Breslau vertrieben worden waren, kamen aus dem ehemaligen Ostpolen, das nun zur Sowjetunion gehörte, Vertriebene nach Breslau und wohnten dort in Trümmern, in Herrenhäusern, in bürgerlichen Wohnungen. Die meisten Ostpolen kamen jedoch vom Lande. Die polnische Schriftstellerin Maria Dabrowska beschreibt das in ihrem Tagebuch so:

> Einer der Gründe, dass ich mich immer so schlecht in Breslau fühle, ist, dass hier eine untröstliche Nostalgie in der Luft hängt. Als wäre man endlos weit von den Seinen entfernt, in der Verbannung. Als ob die Sehnsucht all der entwurzelten und hierher verpflanzten Menschenmassen von diesem Ausströmen und die Luft mit einer schmerzvollen Melancholie erfüllen würde.[110]

Tatsächlich waren viele Polen aus dem Osten nicht bis Breslau gekommen, und es gab auf den Friedhöfen unter polnischen Bürgern lange den Brauch, unter einem großen Kreuz Kerzen für diejenigen anzuzünden, die es nicht geschafft hatten, „mit uns hierher zu kommen". Besonders nahe geht der Bericht über die „Psychose der Vorläufigkeit" (*psychoza tymczasowości*). Das war die Vorstellung, alles sei nur vorübergehend, niemand wisse, was die Zukunft bringt. Das Beste ist es, sein Herzblut nicht an diesen Ort zu hängen, den man womöglich schon bald wieder verlässt. Auf diese Weise perpetuiert sich die Heimatlosigkeit mit all ihren psychologischen und sozialen Auswirkungen.

Im Übrigen ist das Buch von Gregor Thum ein Lehrbuch über das kulturelle Gedächtnis bzw. das kollektive Gedächtnis, und dieses Lehrbuch macht klar, wie sehr das „Gedächtnis" verändert werden musste, in diesem Falle entdeutscht und polonisiert, wie katholische Kirche und Kommunisten gemeinsam diesen Prozess steuerten und wie überaus notwendig dieser ideologiegetragene Prozess war, um überhaupt eine

---

[109] Thum 2003.
[110] Zit. in: ebd., S. 269.

Heimat möglich zu machen, wie fragil diese Heimat war und wie es erst fünfzig Jahre später möglich wurde, die Multikulturalität Breslaus als eine Tradition zu akzeptieren und nicht entweder deutsch, und dann auf jeden Fall nicht polnisch, oder polnisch und dann keinesfalls deutsch usw. zu sein.

Eine solche Geschichtsschreibung diente nicht der Geschichte, sondern der Legitimierung der Gegenwart. Das bleibt wohl ohnehin eine Funktion der Geschichtsschreibung. Dazu gehört auch die massenweise Mythenbildung, die bei allen europäischen Nationalstaaten nach dem Zweiten Weltkrieg ein Überleben möglich machte, wie es Flacke[111] beschrieben hat.

2 Der Ausgangspunkt: „Kriegskinder"

Wenn hier von Kriegskindern die Rede ist, sind Personen gemeint, die unter folgender Definition zu fassen sind:

> Kriegskinder sind Menschen, die durch direkte oder indirekte Einwirkung des Krieges nachhaltig wirkende psychische und physische Schäden erlitten. Oft bleiben solche Kriegstraumatisierungen über Jahre unbewusst, sind aber doch wirksam und lösen komplexe seelische oder psychosomatische Krankheitsbilder aus. Die Lebensgestaltung eines so traumatisierten Menschen bleibt durch die Kriegserlebnisse geprägt und kann die nächste und übernächste Generation verändern.[112]

Eine besondere Gruppe stellen Kinder dar, die im Zusammenhang mit Kriegseinwirkungen und Kriegsfolgen ungewollt in extreme Situationen gerieten, beispielsweise Kinder von vergewaltigten Müttern, Heimkinder, Besatzerkinder, Kinder in der Kinderlandverschickung und Kollaborateurskinder. Kriegskinder in diesem Sinne sind nicht alle im Krieg Geborenen.

Weniger bekannt sind die Schicksale von *Wolfskindern* und von *Lebensbornkindern*.

---

[111] Flacke 2005.
[112] Definition des Vereins Kriegskind.de (20. 11. 2020).

Zunächst zu den Wolfskindern. Das waren „anhangslose" (Waisen-) Kinder, die in Ostpreußen oder in den baltischen Ländern im Wald lebten, bei Bauern unterkamen und oft zur Arbeit gezwungen wurden. Sie wurden schließlich zu einem Teil in sowjetischen Heimen untergebracht. Die Hungerwinter 1945 bis 1947 überlebten viele nicht. Im Herbst 1947 befanden sich über 4700 deutsche Kinder in sowjetischen Heimen des Kaliningrader Gebiets. Diese Häuser wurden von sowjetischen Direktoren geleitet, in der Regel demobilisierten Offizieren. Bei der Ankunft in der Sowjetischen Besatzungszone wurden die Transporte vom sowjetischen Militär kontrolliert und dann freigegeben und in Auffanglager der einzelnen Länder weitergeleitet. Der erste Kindertransport hinterließ wohl bei der Ankunft einen relativ positiven Eindruck. In einem Bericht hieß es:

Es zeigte sich, daß die größeren Kinder, also 8 bis 14 Jahre, fast durchweg in gutem Ernährungs- und Körperzustand waren. Bei den kleineren Kindern im Alter zwischen drei und fünf Jahren befand sich eine Reihe von Kindern, die distrophische und rachitische Merkmale zeigten [...]. Die Kinder waren mit gutem Schuhzeug, Wintermänteln, Kopfbedeckung und Handschuhen, teilweise sogar mit wattierten Mänteln mit Pelzkragen [...] ausgestattet, die Ausstattung mit Unterkleidung hingegen ließ zu wünschen übrig, es fehlte besonders an Schlüpfern.

Die Kinder der weiteren Transporte 1947 erreichten die deutsche Grenze in einem kläglichen Zustand:

2386 Kinder im Alter von 2 bis 16 Jahren kamen in Güterwagen ohne Stroh, teilweise mit Öfen und Heizmaterial, teils ohne versehen, in sehr erschöpftem Zustand an. Die Fahrtdauer betrug vier Tage und vier Nächte. Abortanlagen waren nicht vorhanden [...] Die Kinder waren dermaßen unterernährt, dass kaum eine Impfung möglich war, da diese Kinder buchstäblich aus Haut und Knochen bestanden [...] Beanstandet wurden vor allem die Schließung der Waggons während der gesamten siebentägigen Reise und das Fehlen von Notaborten. Es kam immer wieder zu Todesfällen auf der Reise.[113]

Der Verein Lebensborn wurde am 12. Dezember 1935 in Berlin gegründet. Erster und bis zur Auflösung 1945 einziger Präsident war SS-Chef Heinrich Himmler; das gesamte männliche Personal stammte aus der SS-Hierarchie. Ziel war es, „erbgesunden" Nachwuchs zu fördern. Dazu diente das Angebot an ledige werdende Mütter rein „arischer Abstammung", im Schutz eines Lebensborn-Heimes ihre Kinder zur Welt zu bringen und von dem Verein auch weiterhin unterstützt zu werden. Das Angebot war als Alternative zu illegalen, seinerzeit mit strengen Strafen bedrohten Schwangerschaftsabbrüchen gedacht – und als Möglichkeit, potenziellen SS-Nachwuchs bereits im Säuglingsalter zu rekrutieren. Tatsächlich wurden zunehmend uneheliche Kinder hoher Nazis dort untergebracht. Bei Kriegsende wurden die Heime noch von den Nazis geräumt und die Papiere vernichtet; die anonymisierten und verwaisten Babys kamen in Heime.

„Kriegskinder" und die Kinder während der Nachkriegs-„Wolfszeit"[114] haben fraglos ein Gedenken verdient. Sie werden in diesem Kapitel jedoch besonders als Eltern von verstörten „Kriegsenkeln"[115] eine Rolle spielen. Sie sind der Ausgangspunkt der transgenerationalen Weitergabe von Traumatisierungen. Es wird immer wieder um die Frage gehen: *Was* wird *wie* vom ursprünglichen Trauma weitergegeben, das die Enkel ja nicht selbst erlebt haben? Zu diesen Themen werde ich immer wieder ausführliche theoretische Einführungen geben, denn auf diesem Feld ist noch vieles ungewiss.

3 Beziehungen als „transgenerationelle Transporteure" der Traumata

Eine Einführung

Die Entdeckung der unbewussten Beziehungserfahrungen durch Freud in Form der Übertragung war ein Meilenstein. Beziehungen enthalten

---

[113] Zitate und Informationen aus: info@wolfskinder-geschichtsverein.de (20.11.2020).
[114] Jänner 2019.
[115] Der Begriff „Kriegsenkel" stammt von Sabine Bode 2009. Kriegsenkel werden auch als Kriegskinder der dritten Generation bezeichnet.

Kraftfelder, libidinöse, aggressive, verheerende, abscheuliche, niederträchtige, explosive, erotische und erbauliche. Diese Kraftfelder entfalten sich in der Dyade, aber in der Gruppe werden sie – unter Zeugen (!) – sichtbar und damit unabweisbar.

Beziehungen sind ganz zentral mit Emotionen verbunden – *Gefühle* sind auch soziale Ereignisse. Beziehungserfahrungen gehen über alle Sinneskanäle, sie bleiben jedoch weitgehend unbewusst.[116] Wahrzunehmen sind Beziehungen an den Gefühlen, die sie in Mitmenschen auslösen und umgekehrt.

Das menschliche Gehirn hat bei der Geburt nur ein Viertel des Gewichts des Erwachsenengehirns. Danach entwickelt sich das Gehirn im „sozialen Uterus", also unter dem *Einfluss psychosozialer Beziehungen*. Das macht seine Anpassungsfähigkeit und seine Störbarkeit aus. Beziehungen entwickeln (und fehlentwickeln) sich aber lebenslänglich.

Es ist selbstverständlich anzunehmen, dass es sich bei der trans- oder interpersonalen transgenerationellen Weitergabe um die *gleichen Beziehungsdynamiken* handelt *wie bei den Übertragungen und Gegenübertragungen* in der psychoanalytischen Situation. Unser Wissen um diese Konstellationen kann uns bei der Untersuchung dieses Transfers zugutekommen. Und doch unterscheidet sich die psychoanalytische Versuchsanordnung auch substanziell von der Vehemenz und der Regellosigkeit der traumatischen Erlebnisse.

Deswegen wird schließlich für die Erweiterung der Psychoanalyse um diese psychotraumatischen, -historischen und -sozialen Aspekte plädiert. Der *Beitrag der gruppenanalytischen Konzepte und Erfahrungen* ist dabei unübersehbar, und er wurde durch die stürmische Entwicklung der Forschung zum Menschen als prosozialem Wesen seit den Neunzigerjahren in vieler Hinsicht bestätigt.

Menschen sind untereinander viel mehr „auf Sendung", als wir uns das vorgestellt haben. Besonders die zentrale gruppenanalytische Metapher „*Matrix*" bekam durch Bindungsforschung, Mentalisierungs-

---

[116] Man denke zum Beispiel an Pheromone, also hormonelle Duftstoffe, geruchlos, aber von großer Wirkung auf die Partnerwahl bei Tier und Mensch.

theorie, Rizzolattis[117] Spiegelneurone, durch die Wir-Intentionalität[118] und die intersubjektiven Theorien einen deutlichen Wachstumsschub.

Alles das macht klar, was Beziehungen sind, was sie können, was sie bedeuten.

Lange verborgene Wunden

Die Untersuchung von Transgenerationalität wurde erforderlich, weil Kinder aus dem Zweiten Weltkrieg unsere Patienten wurden, dazu deren Kinder und Enkel. Ihre Verstörungen und Krankheitsbilder waren ohne die Aufarbeitung oder wenigstens die Kenntnis der Traumen ihrer Vorfahren überhaupt nicht verstehbar. Und tatsächlich wurde es auch erst nach *siebzig Jahren ohne Krieg* möglich, transgenerationale Nachwirkungen von Kriegen zu erfassen und zu untersuchen. Bis dahin schlugen immer neue Kriege immer neue Wunden in jede kommende Generation.

Markanter Ausgangspunkt für meine Untersuchungen der Gefühlserbschaften war der Zweite Weltkrieg, der in der Klientel unseres In-

---

[117] Im Jahr 1992 wies Giacomo Rizzolatti (2008, mit Sinigaglia Corado) nach, dass im Gehirn eines Affen die gleichen neuralen Prozesse ablaufen, egal, ob er ein eigenes Verhalten zeigt oder dieses nur beobachtet. Die entsprechenden Neuronengruppen nannte er „Spiegelneurone".

[118] Der Humanforscher Michael Tomasello fand heraus, dass es eine *shared intentionality* oder „Wir-Intentionalität" gibt und dass die eine genetische Voraussetzung hat. Diese genetische Grundlage unterscheidet den Menschen von allen anderen Primaten, weil sie die kulturelle Entwicklung menschlichen Denkens, menschlicher Kultur, ja des Menschseins überhaupt ermöglicht. Aus demselben Max-Planck-Institut für evolutionäre Anthropologie meldete kurz vor Pfingsten 2010 in der *Science* Svante Pääbo, ihm sei der Nachweis gelungen, dass Homo sapiens und Neandertaler etwas miteinander hatten. Noch sensationeller aber ist: Das Genom des Neandertalers ist zu einem großen Teil rekonstruiert worden. Nun lassen sich dieses Genom, das des Schimpansen und des Homo sapiens, miteinander vergleichen. Bereits der erste Vergleichsversuch – die sogenannte Genomarithmetik – bringt unter anderem gleich vier Erbanlagen des Homo sapiens zutage, die für zentrale Aspekte des menschlichen Geistes eine entscheidende Rolle spielen: abstraktes Denken und Kreativität, rationale Realitätskontrolle und soziale Intelligenz, nämlich die Fähigkeit, in die Gedankenwelt anderer Menschen einzutauchen, ihre Absichten zu erkennen und ihre Reaktionen auf das eigene Verhalten vorauszusehen. Und als „Wir-Intentionalität" bezeichnen wir die Fähigkeit von uns Menschen, mit anderen zusammen kooperativ, mit unterschiedlichen Zielen, mit gemeinsamen Absichten und eben mit *Freude* etwas zu vollbringen.

stituts[119] in den Neunziger- und Nullerjahren immer noch seine deutlichen Spuren hinterließ: Mehr als die Hälfte der Patienten hatten Eltern, die als Kinder durch diesen Krieg vertrieben wurden.

Vor uns steht nicht mehr die Frage, ob Traumata weitergegeben werden. Das ist inzwischen unstrittig. Hier geht es darum, *wie* das geschieht. Wir müssen bedenken, dass die Generation, die Traumen weitergibt, diese ja ziemlich unverdaut vererbt, und nicht nur das: Es sind traumatisierte Menschen, und die geben ein Gemisch aus traumatischen Affekten und deren Abwehr weiter. Das sind fragmentierte Zustände und entsprechend beeinflusste Beziehungserfahrungen: Der Weitergebende ist ja der Traumatisierte, und der ist kein Kriegsberichterstatter.

Anders formuliert: Die traumatisierten Erblasser (die etwas zu vererben haben) schreiben ihr Testament mit unverständlichen Hieroglyphen oder gar mit Gewehrschüssen und Bombeneinschlägen, mit Pulverdampf und Verwesungsgeruch: Ich habe mich in diesem Zusammenhang zu dem Begriff „Einschüsse" anstelle von „Introjekten" entschlossen. Mit der guten alten didaktischen Einteilung der Interiorisationsprozesse in Identifikation, Introjektion und Inkorporation kommen wir jedenfalls nicht mehr aus.

Die Traumata sitzen wie Einschüsse tief, sie sequestrieren oder werden durch zufällige oder unerwartete Begegnungen reaktiviert. Das traumatische Testament schießt aus allen Rohren und mit allen Sinnen. Nur nicht mit Sprache. Daher die Sprachlosigkeit.

Und was soll dann einer erzählen, wenn er was erzählt? Was alle erzählen: Märchen, Legenden, Heldentaten. Erlebte Wirklichkeit oder gar Wahrheit sind dann ein seltenes Gut. Da müssen Aufschneidereien herhalten oder Rausredereien. So etwas wird beim „Barras"[120] „Scheißhausparolen" genannt. Auch die Tonbandmitschnitte von deutschen Kriegsgefangenen, die von ihren brutalen Aktionen schwadronieren, gehören dazu. Das Verhängnis ist jedoch viel grundsätzlicher.

Wolfgang Borchert (1947): Generation ohne Abschied

Unsere Tiefe ist Abgrund. Wir sind die Generation ohne Glück, ohne Heimat und ohne Abschied. Unsere Sonne ist schmal, unsere

[119] Arbeitsgemeinschaft für Psychoanalyse und Psychotherapie Berlin APB.
[120] Militär.

Liebe grausam und unsere Jugend ist ohne Jugend. Und wir sind
die Generation ohne Grenze, ohne Hemmung und Behütung – aus-
gestoßen aus dem Laufgitter des Kindseins in eine Welt, die die uns
bereitet, die uns darum verachten [...]. So sind wir die Generation
ohne Gott, denn wir sind die Generation ohne Bindung, ohne Vergangenheit, ohne Anerkennung.[121]

So „spricht" das Trauma: Hinter uns ist keine Vergangenheit, nur Abgrund. Und keiner wird uns je verstehen. Sprache hin oder her – je
traumatischer die Situation, desto größer die Unfähigkeit, sie in Worte
zu fassen.

Die Erben bekommen diese Gefühlshölle so oder so übergeholfen. Die
Hölle – das Inferno, die tiefen Regionen ohne Gott, also das Verlassenheitssyndrom – überwältigt die Person. Dieses Verlassenheitssyndrom
setzt sich in der *Isolation* der Traumatisierten fort. Von dort aus ist es
wirksamer, Angst und Misstrauen zu verbreiten, als sich in übergeord-
nete Narrative einbinden zu lassen. Denn bei den Narrativen beginnen
Worte, Verstehen oder gar Heilung. Und das alles hält das Traumatische,
die auf Einmaligkeit bestehende traumatische Erfahrung für Bagatelli-
sierung, wenn nicht gar für Verrat. Mario Erdheim hat das so erläutert:

Die unbewusste Weitergabe der Traumata hat also eine Funktion,
nämlich die Nachkommen auf eventuell kommendes Unheil vorzubereiten, damit sie ihm dereinst nicht so schutzlos ausgeliefert
sein werden wie ihre Vorfahren. Diese Form der Verarbeitung eines
Traumas kann immer wieder als neu angelegter Versuch verstanden
werden, den Überraschungs- und Überwältigungseffekt der Ereignisse unter Kontrolle zu bringen. Deshalb herrscht hier das Prinzip
des Wiederholungszwanges:
Immer wieder versucht das Individuum – fast in einer Art des
Übens – das Grauen der Überraschung zu überstehen. Dabei entsteht eine spezifische Form der Tradition, die dann auch als ein we-
sentliches Mittel betrachtet werden kann, kommende Traumata zu
überleben [...] Es gibt jedoch noch eine unbewusste Form der Tradition, die gerade dadurch, dass sie unbewusst ist, gegen das Ver-

---

[121] Borchert 1947, S. 27.

schwinden der traumatischen Erfahrungen abgesichert ist. Es ist oft vom „Pakt des Schweigens" innerhalb traumatisierter Familien die Rede gewesen; bewusst hatte das Schweigen der Eltern über das erlebte Grauen damit zu tun, dass sie ihre Kinder nicht damit belasten wollten, unbewusst wurden von den Eltern ständig Informationen gesendet, die die schrecklichen Erfahrungen andeuteten: das Schreien in der Nacht, die Verzweiflung und die Krankheiten der Eltern lösen bei den Kindern eine ganze Welt von Phantasien aus über das, was da einst geschehen sein musste. Es scheint mir, dass das Schweigen bzw. die unbewusste Art der Mitteilung eine wichtige Funktion hat. Was bewusst ist und durch die Sprache vermittelt wird, ist gefährdetes Wissen, es kann verloren gehen, verzerrt oder manipuliert werden. Unbewusst Überliefertes ist in diesem Sinn sicherer, es entzieht sich dem Willen des Objekts.[122]

Wir haben also mit erheblichen Widerständen zu rechnen bei den Versuchen, *etwas in Worte zu fassen und damit zu verstehen.* An dieser Nahtstelle – der Dechiffrierung vererbter und unbewusst gehaltener Botschaften – setzen auch Kunst, Kultur und seit einigen Jahren auch die Literaturwissenschaft ein. Das scheint mir ein Hoffnungszustand: Wenn die Gefühlserbschaftsverhältnisse sich in der *ganzen* Kultur zu erkennen geben, wird der Bann des „Traumas" eher zu brechen sein. Und vielleicht wird dann Krieg noch deutlicher als das erkannt werden, was er ist: *ein Verbrechen, das durch nichts, aber auch gar nichts gerechtfertigt werden kann.*

Präzedenzfall Wera

Begonnen werden soll mit einer Krankengeschichte, bei der die gesamte Wucht von Sprachlosigkeit, Tabuisierung, Mythenbildungen, Spaltung von Erinnerung auf einen Menschen trifft. Diese Krankengeschichte könnte auch den Titel tragen: „Trauma – Verdrängung – Latenz – Wiederkehr"[123].

Wera, Jahrgang 1965, kam mit 32 Jahren in die Praxis: Ihr Mann habe mit einer ausländischen Krankenpflegerin etwas angefangen. Sie

---

[122] Erdheim 2006, S. 21–26.
[123] S. Freud 1939.

habe es ein halbes Jahr erduldet und sich schöngeredet, dann ist sie mit den Kindern, ihrem Mann und dieser Frau in den Urlaub gefahren. Sie saß mit den Kindern hinten im Fond, während vorn der Mann und seine Geliebte saßen. Das sei der Höhepunkt der Entwürdigung gewesen. Sie überlegt, ob sie ihn raussetzt. Dann wäre sie ganz allein, außerdem muss er ja bei den Kindern bleiben. Sie hat beschlossen, nur noch Mutter zu sein, nie mehr Frau zu werden. Das alles wäre nicht so schlimm, wenn ihre „Mutti noch leben" würde. Der Ehemann habe vor sechs Jahren schon einmal eine Geliebte gehabt. Seitdem habe sie die intimen Beziehungen eingestellt.

Jetzt habe sie von einer Tante erfahren, die als Einzige noch lebe und das Geheimnis kenne: Mit der Mutter der Mutter sei etwas ganz Schlimmes passiert, vielleicht auch mit der Mutter. Was das war, müsse sie sich selbst denken. Mehr sage sie nicht und könne es auch nicht sagen, weil sie das der Großmutter versprochen habe. Die Mutter ist in Weras 19. Lebensjahr gestorben, gerade als Wera ihre ersten Schritte nach dem Abitur in ein Praktikum außerhalb gemacht habe. Sie wirft sich heute noch vor, dass sie beim Tod der Mutter nicht bei ihr war.

Es geht offenkundig um die Vergewaltigungen, die die Rote Armee am Kriegsende zelebriert hat, und das ist wohl das barbarischste, archaischste und am meisten demütigende und schambetonte aller Siegerrituale. Nach Kriegsende und wegen zum Beispiel der „deutsch-sowjetischen Freundschaft" mussten diese Verbrechen aber gänzlich verleugnet werden, und so arbeitete die Sowjet- und DDR-Nachkriegsideologie den Schamgefühlen natürlich direkt in die Hand, sodass hier wohl die bestgehüteten Tabus lebens- und lustfeindlich implantiert wurden. So hat Weras Verzicht auf Sexualität eine bedrückende und tabuierte Vorgeschichte.

Inzwischen hat Wera ihre Tante zum Reden gebracht: Es waren nicht die Russen, es war der Stiefgroßvater, der die Mutter missbraucht hat! Die geliebte Großmutter muss das gewusst haben, aber dieser Mann war für den Hof überlebenswichtig. Diese Mitteilung erschüttert die Patientin so sehr, dass sie stationär in die Psychiatrie eingewiesen werden muss, weil sie „nur noch schrie". Die Parallelität ihres eigenen Lebenskompromisses mit dem faulen Kompromiss der Großmutter hat sie ganz überfordert. Die Tante wird präsuizidal ebenfalls zum Psychiater überwiesen.

Die traumatisch bedingten Introjekte sind gewissermaßen injizierte Erfahrungsbruchstücke, die eine Fremdsteuerung von innen verursachen. Modernerweise heißen sie „Embodiments", also Inkarnationen, fleischgewordene Erinnerungen, die sich nur indirekt dechiffrieren lassen. Sie waren in Weras Fall nur um den Preis psychiatrischer Desintegration erfahrbar.

Die Spaltungen der Geschichtsschreibung, die Tabuierungen und Mythenbildungen zeigen bei diesem Beispiel fast unmittelbare traumatische Konsequenzen. Die Gefühlserbschaft in dieser Krankengeschichte haben wir „Tabus, die zu Introjekten werden" getauft. Diese Introjekte[124], in diesem Fall Kriegstraumen, vererben sich unerbittlich wie DNA-Gene an die nachfolgenden Generationen. Diesen Spuren gehe ich nach, und zwar mit Patienten, die ich ausreichend lange betreut oder behandelt habe, zumeist psychoanalytisch, meist in modifizierter Weise.

Im Folgenden geht es darum, die *Fülle und Vielfalt von Beziehungsmodalitäten und damit Transfermöglichkeiten* so zu erfassen, einzuteilen oder zu ordnen, dass sie auch didaktisch handhabbar sind. Ich werde die Transportmechanismen einteilen

- in die vorzugsweise *gruppenanalytisch* verstehbaren unterschiedlichen sozialen Beziehungs- und Störfelder Familie, Großgruppe oder Gesellschaft und
- in die unter *psychoanalytischen* Perspektiven besser verstehbaren Störungen und diese wiederum nach der Evidenz in direkte traumatische, also „explizite" und indirekte, reaktive, paradoxe, also „implizite" Transportmechanismen.

Überschneidungen sind dabei die Regel.

4 Transmissionsmechanismen in sozialen Beziehungs- und Störfeldern – gruppenanalytische Perspektiven

Theoretische Vorbemerkungen

Wenn wir uns mit der *emotionalen Entstellung ganzer Gruppen oder der gesamten Gesellschaft* befassen, kann uns die gruppenanalytische

---

[124] Siehe auch „Einschüsse" im vorigen Abschnitt.

Krankheitslehre helfen, soziale Pathologien besser zu verstehen. Die folgenden Begriffe tauchten in den vorherigen Kapiteln bereits mehrfach auf, jedoch unter anderen Aspekten. Deswegen werden sie hier – in diesen Zusammenhängen – noch einmal dargestellt.

Der zentrale Begriff der Guppenanalyse ist die *Matrix*, das Beziehungsnetz, aus dem wir kommen und in dem wir leben. Die gruppenanalytische Theorie war immer stolz auf diesen großen Wurf.[125] Matrix

- beschreibt die *Vernetzung*,
- sie ist zu großen Teilen *unbewusst*,
- sie beschreibt auch die *Reziprozität der Beziehungen* und
- die Permeabilität der Grenzen.

Der Begriff *transpersonal* bedeutet, dass Beziehungen mit ihren Emotionen „durch" die Persona (die Maske, die Abwehr) hindurchgehen – hinein und hinaus – und dass die Emotionen auf diese Weise mit anderen kommuniziert und empfunden werden. Die Beziehungen gehen durch die Person hindurch wie Röntgenstrahlen. „Tatsächlich legt die transpersonale/intersubjektive Perspektive nahe, dass die Grenzen zwischen unseren Psychen durchlässiger sind, als wir es uns oft vorstellen mögen."[126] Dass diese universalen Verbindungen auch Generationsgrenzen spielend überwinden, ist ja sofort einzusehen. Das sind dann diese Erbschaften, die ihre Wirkung umso mehr entfalten, je unbewusster sie sind.

Das ist vielleicht die kränkendste, fieseste, weil nicht zu kontrollierende, unbewusste Beeinflussung. Wir sind dann wieder einmal nicht Herr im eigenen Haus. Das haben wir zwar theoretisch verstanden, trotzdem wollen wir es immer wieder sein. Deswegen können wir oft nicht glauben, dass diese Beeinflussung gegen unseren Willen und hinter unserem Rücken geschehen kann. Nur so lassen sich auch die „magischen Epidemien" gegen jeden Verstand zu erklären, die während des Krieges und danach ausbrachen: Uhren blieben stehen in der Stunde des Todes des Soldaten oder die Bilder der Gefallenen fielen von der Wand; das „Tischrücken", wurde zur häufigen „Privatmesse", um Kontakt zu den Toten zu bekommen: Wenigstens etwas tun können gegen

---

[125] Foulkes 1948/1983.
[126] Friedman 2014, S. 195. Übers. C. S.

Ungewissheit, Ohnmacht, Hilflosigkeit. Derartige okkultistische Epidemien sind ohne die Annahme einer unterbewussten, okkulten, magischen, parapsychologischen, suggestiven – wie auch immer – transpersonalen Kommunikation nicht vorstellbar. Diese Form der Kommunikation ist der Präzedenzfall der *impliziten T*ransportmechanismen, die später unter psychoanalytischen Gesichtspunkten noch ausführlicher besprochen werden.

Der Begriff der *Personifikation* meint, dass eine emotionale Tendenz innerhalb der gesamten Gruppe nur durch eine Person oder eine Untergruppe repräsentiert werden kann. Die emotionale Verbindung von Menschen in einer Gruppe macht es möglich, dass jemand Gefühle ausdrückt, die ein anderer hat. In Therapiegruppen kommt es nicht selten vor, dass jemand für jemanden weint, der keine Tränen hat. Dabei kann es sich um einen wichtigen Heilfaktor handeln, wenn die Verbindung zwischen beiden nicht verloren geht. Auf diesem Wege können auch traumabedingte Transmissionen stattfinden. Dann können die Kinder „Hoffnungsträger" der ganzen Familie sein, personifizierte Omegas, Außenseiter, Denker und das ganze weitere Universum ...

Gruppenprozesse sind keineswegs nur heilsam. Es gibt Fixierungen, Einengungen, Ausstoßungen usw. Über diese gestörten Prozesse wurde in den letzten Jahrzehnten eine Reihe von *typischen Mustern fixierter Beziehungsstörungen*[127] eruiert, beschrieben und definiert.

Jede dieser Störungen kann auch als *Transmissionsmechanismus* wirksam werden, deswegen gehören sie mit in dieses Kapitel. Die Beschreibung dieser Muster hat den Vorteil, dass sie schneller erkennbar und damit aufgelöst werden können. Die Muster werden jeweils mit Vignetten illustriert, die auch in anderen Zusammenhängen besprochen werden.

Die defizitäre Beziehungsstörung

Die Matrix dreht sich dauerhaft um eine Beziehung zwischen einem leidenden defizitären Gruppenmitglied und all den anderen, scheinbar Gesunden, stets Glücklichen. Das Beispiel: Die zufriedene Aufnahmegesellschaft kümmert sich um die „rückständigen" oder „ungebildeten" Asylanten oder die „dreckigen" Flüchtlinge. Das Problem der Scham haben

---

[127] Friedman 2007.

dann nur die Fremden und ihre Kinder – *Wandas Geschichte* ist voll von solchen Ereignissen. Die Weiche für eine Parallelgesellschaft ist gestellt, die dann Generationen überdauern kann.

Das Ursprungstrauma oder auch ein verwandtes gewähltes Trauma (*chosen trauma*[128]) wird oft in Symbolen bewahrt, zum Beispiel im Schlüssel zu einem verlorenen Haus. So wird das Trauma identitätsstiftend und überdauert.

Die Ausschließungsstörung (scapegoating position)

Bei dieser Störung entsteht eine Beziehung zwischen dem Ausgeschlossenen und den Ausschließenden. Es erfolgt der reale Ausschluss (*rejection*) eines „Sündenbocks" aus der Gruppe. Die Person verlässt die Gruppe, aber nicht die unbewusste Matrix. Das Beispiel: *Wanda* aus Kasachstan wurde aus der Schulklasse ausgeschlossen. Die Ghettoisierung betrifft noch ihre Kinder.

Die marginalisierende Störung

Der Marginalisierte gehört zur Gruppe, fühlt sich aber vom Gruppenzentrum unerwünscht. Intersubjektive Prozesse bringen Teilnehmer der Gruppe dazu, ihn als Träger von Hilflosigkeit, Kläglichkeit, Andersartigkeit usw. zurückzuweisen. Das Zentrum braucht die Marginalisierten, um sich wohlzufühlen. Der Wunsch des Marginalisierten, zum Zentrum zu gehören, bleibt zunächst latent – ebenso wie die Angst der anderen, aus dem Zentrum zu geraten. Das Beispiel: *Wanda* berichtet, dass die deutsch-russische Community überdurchschnittlich oft die „Alternative für Deutschland" wählt, offensichtlich also deutscher als der Mainstream sein will.

Die psychotraumatische Beziehungsstörung

Das Psychotrauma durch einen radikalen Beziehungsabbruch stellt den Extremfall erlebnisbedingter Erkrankungen dar, nämlich den totalen Verlust aller äußeren und inneren empathischen Objekte.[129] Der traumatischen Erfahrung ist eine tiefe Überzeugung der Einmaligkeit inhärent.[130] In dieser Überzeugung setzt sich das Verlassenheitssyndrom

---

[128] Volkan 2001, S. 79.
[129] C. Seidler u. a. 2018, S. 19ff.
[130] Jaenicke 2006, S. 149.

des Traumas fort, häufig abgewehrt in Form des Stolzes bis hin zu einem „stillen Hochmut": „Niemand hat so etwas je erlebt" und „Niemand wird mich je verstehen".

Damit konstellieren traumatisierte Gruppenmitglieder die psychotraumatische Beziehungsstörung immer wieder neu – die in der Latenz immerwährende potenzielle Wiederholung eines Beziehungsabbruchs. Reziprok kann sich diese Befürchtung in der Gruppe dadurch erfüllen, dass die Gruppe den Traumatisierten meidet, um sich vom Trauma nicht anstecken zu lassen. Dieser Impuls wird mit ohnmächtigen Schuldgefühlen bei den „Meidern" beantwortet. Diese Form lässt sich bei *Dagmar* oder *Ruth* wiederfinden.

Beziehungsstörungen mit der Autorität

Der Umgang mit Autoritäten ist ausgesprochen störanfällig. In allen Therapiegruppen bilden und fixieren sich interaktionell hierarchische Strukturen, die den Prozess behindern, solange sie unbewusst gehalten werden. Die Hierarchien drehen sich häufig primär um die Leiter-Gruppe-Beziehung. Sie können im Prozess von jedem Gruppenmitglied in seiner Beziehung zur Gruppe und umgekehrt von der Gruppe zu jedem Gruppenmitglied ausgehen. Derartige Prozesse sind bei autoritär-patriarchalischen Familien zu beobachten, besonders wenn die Väter arbeitslos sind, aber auch bei parentifizierten Kindern, die viel zu zeitig Autoritätsfunktionen ausfüllen müssen, wie etwa *Susanne*.

„Beziehungslosigkeit" als toxische Beziehungsstörung

In das Vakuum der Beziehungslosigkeit hinein können ungebremste Fantasien wuchern, weil sie durch keine Realität geprüft werden.

Diese und andere Muster wurden zunächst aus der Therapie- und Selbsterfahrungsgruppenarbeit heraus entwickelt. Sie können aber helfen, auch Großgruppenprozesse zu diagnostizieren, man denke an die Marginalisation und den Ausschluss ganzer Volksgruppen, die massenhaften Traumatisierungen und den Umgang mit Traumatisierten, den Umgang mit Autoritäten und ihren Verherrlichern.

Eine komplexere Beziehungsstörung stellt die *Soldatenmatrix*[131] dar. Sie hat für unsere Thematik besondere Bedeutung, sie ist im Text ja

---

[131] Friedman 2015a.

auch vielfach besprochen worden. Wir müssen davon ausgehen, dass die Soldatenmatrix noch lange nach dem Krieg Bestand hat – diese Matrix überdauert aus vielen Gründen.[132] Das Menschsein im „Dienste der Sache" wirkt weiter – auch in Friedenszeiten. Diese mörderische „Sache" ist mehr wert als irgendeine Form von Selbstbestimmung: „Selbstlosigkeit" als Abwesenheit eines Selbst. Die Reintegration des Selbst bzw. die Zivilisierung der Matrix, die das ermöglichen kann, ist ein mühevoller Prozess.

Die Lebensgeschichten von Menschen in traumatisierten Gesellschaften, Gruppen und Familien

Hier dominiert die gruppenanalytische Perspektive beim Blick auf

- Krieg und Nachkrieg in *ganzen Gesellschaften*: Katja
- im *System Familie* während der Segregation: Wanda
- in *Gesellschaft und Familie* während der Retraumatisierung durch die „Wende": Ronja

Krieg und Nachkrieg in ganzen Gesellschaften: Katja

Typisch für Kriegsverhältnisse und militarisierte Gesellschaften ist der Verlust von Schuld-, Scham- und Empathiegefühlen innerhalb einer ganzen Gesellschaft, einer „Soldatenmatrix", in der diese Verarmung „transpersonal" alle Menschen erfasst hat.

Katja, eine junge Frau Mitte zwanzig, kommt 2005 in die Sprechstunde, weil sie solchen Druck auf den Augen hat. Der Augenarzt kann nichts finden, deshalb schickt er sie in die Psychotherapie. Zunächst könnte man an eine Konversionssymptomatik denken. Tatsächlich spricht der psychische Befund für eine Depression. Für eine Depression ist ein Druck auf die Brust typisch, aber auf die Augen? Katja hat wunderschöne Augen, groß, braun, strahlend und von verführerischer Tiefe.

Tatsächlich hat Katja zunächst einen reichen arabischen Kommilitonen verführt, mit dem sie zusammen in Minsk Jura studiert hat, dann aber auch einen anderen Mann, der nicht so reich war, und schließlich einen deutschen Professor, der sie dann mit nach Deutschland nahm.

---

[132] Anlässlich einer kleinkriminellen Verwicklung des Autors verriet der Kriminalkommissar: Es ist leichter, einen Menschen zu betrügen, als ihn davon zu überzeugen, dass er betrogen wurde.

Fluch und Strafe für diese schönen Augen? Katja stammt vom Lande, 300 Kilometer weg von Minsk. Die Mutter, von Beruf Lehrerin, ist sehr arm, weil sie wegen einer Herzkrankheit nicht arbeiten kann. Katja muss sie unterstützen, heimlich sammelt sie Geld, um ihre Mutter nach Berlin zu holen, damit deutsche Herzspezialisten sie endlich behandeln, denn die weißrussischen Ärzte haben nie etwas gefunden.

So weit, so verwirrend. Der Vater? Bei einem Unfall verstorben. Die Großeltern? Keine Ahnung. Im Krieg geblieben? Nichts gehört. Der Zweite Weltkrieg hat doch Weißrussland besonders mit Tod und Sterben überzogen? Das ist lange her.

Geschichtslosigkeit, Enge, Armut und die Krankheit der Mutter parentifizieren[133] die Tochter radikal: Verführung reicher Männer, um Geld für die Familie zu besorgen, von Liebe keine Spur. Die Geschichte des Zweiten Weltkriegs wird ihr als Heldengeschichte erzählt. Das unendliche Leid, das der Krieg über die „Bloodlands" gebracht hat, wird so vielleicht erträglich. Aber der Preis ist hoch: eben Enge, Geschichtslosigkeit, Reduktion von Empathie, Schuld- und Schamgefühlen – so zeigt sich das Nachleben des Totalitarismus in Osteuropa und der Geschmack von Asche. Der Historiker Timothy D. Snyder beschreibt in *Bloodlands*,[134] wie die Weitergabe von Traumatisierungen über Generationen hinweg ganze Länder erfassen kann, jene Länder, in denen die Menschen Massenmorde, Genozid, Krieg und Vernichtung erleben mussten, erst in Stalins Sowjetunion und dann unter Hitlers Nazideutschland, und Vertreibungen nach dem ignoranten Versailler Vertrag, dem brutalen Hitler-Stalin-Pakt, nach der gnadenlosen Nachkriegsordnung durch die Jalta-Konferenz – und auch durch die gegenwärtige demagogische Osterweiterung der Nato, muss man hinzufügen, sowie die russischen Reaktionen. Snyder zählt dazu Polen, die Ukraine, Weißrussland, Russland und die baltischen Staaten. Die Hungersnöte[135] in den Dreißigerjahren unter Stalin führten im ukrainischen Charkow zum Kannibalismus. In Leningrad starben während der Bela-

---

[133] „Parentifikation" ist ein Begriff aus der psychoanalytischen Familientherapie (siehe zum Beispiel Boszormenyi-Nagy und Spark 1981).
[134] Snyder 2011.
[135] Ukrainisch *holodomor*, „Tod durch Hunger".

gerung durch die Wehrmacht zwei Millionen Menschen. Auch da gab es
Kannibalismus. Kann irgendetwas mehr entwürdigen?

Den Überlebenden blieb nur die Umwidmung dieses Elends in Heldentum, und als die Nazis abgezogen waren, in einen Sieg. Wie wichtig diese Mythen[136] für das Überleben waren, kann man sich vorstellen. Übrigens waren nach 1945 alle Länder „im Widerstand"! Und diese Mythen waren nur um den Preis der Spaltung aufrechtzuerhalten. Aber „Bloodlands" finden sich nicht nur in Osteuropa, auch deutscher Boden ist blutdurchtränkt. Die Pervertierung zwischenmenschlicher Gefühle beeinträchtigt auch die Gefühle zu sich selbst: Das „Selbst" eines Menschen kann von der Gruppe total dominiert werden. Wie schon beschrieben, bedingen totalitäre Systeme totale Selbstlosigkeit, dann kann Suizid die letzte Konsequenz sein.

Im Jahr 2020, eine Generation nach Katja, gibt es in Weißrussland/ Belarus nach einer Betrugswahl machtvolle monatelange Demonstrationen und Proteste, die sich nicht mehr niederknüppeln lassen - angeführt von drei jungen Frauen. Wir können hoffen, dass mit diesen selbstbewussten Massenprotesten auch eine Form persönlicher Selbstbestimmung zurückkehrt, auch wenn zunächst wieder die „Sache", der Sturz Lukaschenkos, im Vordergrund steht. Die Reintegration des Selbst bleibt ein mühevoller Prozess. Frieden schließen – außen und innen – ist schwierig und kann nicht wie auf Knopfdruck geschehen. Der Psychoanalytiker Rainer Krause beschreibt die Schwierigkeiten bei einer Therapie:

> Die Behandlungsversuche sind teilweise davon getragen, dieses Wissen in diejenigen affektiven Bereiche hineinzutragen, die am alten Wissen festhalten. Es ist nicht einfach, jemandem, der solche Erfahrung gemacht hat, klarzumachen, dass Frieden ist.[137]

Krieg und Nachkrieg im System Familie während der Segregation: Wanda

Beschrieben wird hier die Brutalität pathologischer Parentifizierung am Beispiel einer Migrantenfamilie. Migrationsforscher haben festgestellt, dass eine vorübergehende Segregation von Migranten aus einer gemein-

---

[136] Flacke 2005.
[137] Krause 2002, S. 57.

samen Kultur ein offensichtlich notwendiges, zumindest immer wieder beobachtbares Übergangsstadium ist, das sich nach drei Generationen beginnt aufzulösen. Wenn es gut geht.

Aber nach dem Jahr 2015, als so viele „Willkommenskulturen" versucht wurden, bin ich mir auch nicht mehr sicher, ob die Migrationsforscher nicht nur eine bequeme Lösung zur Regel erheben. In Berlin gibt es immer wieder Wellen von Immigranten, die in eine Gegend gesteckt werden: Türken nach Kreuzberg, Russlanddeutsche nach Marzahn, Lichtenberg und Hohenschönhausen. „Die wollen das so", heißt das offiziell. Dort lebt Wanda heute noch. Die reichen Russen wohnen im Grunewald, die wollen das auch so. Die Idee, der „Familienverband" sei die einzige Gruppierung, die verspricht, der Mensch werde immer eingebunden sein – im Gegensatz zu anderen Gruppen –, finde ich anregend, ablesbar auch an den Nebenwirkungen.

Wanda (Jahrgang 1981) kommt mit 14 Jahren mit ihrer Familie aus Kasachstan nach Berlin. „Nach Kasachstan ist die Familie durch Katharina II. gekommen", ist alles, was Wanda zunächst über ihre Herkunftsgeschichte weiß. Alles Weitere eruiert sie bzw. eruieren wir gemeinsam im Laufe von Jahren. Diese Geschichtslosigkeit ist ein Ausdruck der traumatisierten Geschichte in diesen Ländern, die über Generationen hinweg ganze Länder erfassen kann.

Wanda ist die älteste und schwer parentifizierte Tochter, sie hat zwei jüngere Schwestern, einen ruinös trinkenden Vater und eine völlig überforderte Mutter. Die Ursprungsfamilie wohnte in einer Stadt in der jetzigen Ukraine, die mal wolhynisch, mal polnisch, mal sowjetisch war. Die Familie war deutschstämmig (der Großvater sprach nur Deutsch, Wanda nur Russisch) und wurde deswegen mit Beginn des Zweiten Weltkriegs nach Kasachstan verfrachtet. Dort haben etwa dreißig Großfamilienmitglieder ein Dorf gegründet, in dem vorwiegend Landwirtschaft betrieben wurde. Die Mutter war Melkerin und Rinderzüchterin, der Vater so etwas wie ein Förster (er ging viel in den Wald und kam selten nach Hause).

Ab 1990 kommt die Großfamilie nach und nach in Deutschland an, und zwar in Berlin-Marzahn, und landet schließlich in der Russlanddeutschen-Community. Die Stadtväter sind froh und haben ihre Ruhe. Aufnahmekultur oder Kultur überhaupt – Fehlanzeige!

Diese Familie ist unerhört „stabil", wie ein Tunnel aus Beton, und das bereits seit mindestens zwei Generationen. Diese „Stabilität" bringt große Probleme. Zum Beispiel schnappt die jüngste, damals 15-jährige Schwester der ältesten, also Wanda, den Mann weg. Was soll sie auch machen, innerhalb dieses Tunnels? Der Preis des pubertären Aufstands ist hoch: Die Kleine wird promiskuitiv und die Große depressiv. Inzwischen reden sie nicht mehr miteinander.

Dieser Bruch der Familie belastet alle. Und doch ist er der Beginn einer Befreiung und führt immerhin in die Therapie. Denn sonst ginge es weiter: Wandas große Tochter ist zwölf, sie geht mit ihrer Tante in eine Klasse. Die Tante ist die jüngste Schwester der Mutter. Diese mit Sprengstoff geladene Enge und Ghettoisierung, die „Segregation" gleicht mehr einem Purgatorium! Da hilft kein Gott und keine Kultur, denn wenn die Kultur, die dem Jugendlichen aus der Familie heraushelfen soll, mit der Familie in eins fällt, wird das Versprechen, immer eingebunden zu sein, zum Fluch!

Bis zum 14. Lebensjahr wächst Wanda in Kasachstan auf. Eigentlich ist das eine schöne Zeit. Im Nachhinein denkt sie gern zurück, zumal sie dort eine Liebesgeschichte hat. Die Trennung fällt ihr sehr schwer. Die Mutter ist schon damals auf die Hilfe der großen Tochter angewiesen. Sie überbindet Wanda intensiv. Schon in Kasachstan ist die Mutter sehr streng. Wanda muss immer alles machen und auch die Schwestern betreuen. Bis zum 17. Lebensjahr wird sie streng kontrolliert. Mutter geht mit ihr zum Hausarzt wegen einer womöglichen Schwangerschaft. Die Mutter war selbst 18, als Wanda auf die Welt kam, und sie war ganz sicher und selbstverständlich unerwünscht.

1993 bis 1995, noch in Kasachstan, ist sie mit Grischa zusammen. Als sie wegzieht, glaubt sie fest, dass er nachkommt. Aber als sie zum ersten Mal zu Besuch in Kasachstan ist, erfährt sie, dass er ihre sehnsuchtsvollen und traurigen Briefe seinen Freunden gezeigt hat und alle gelacht haben. Seitdem war sie nicht mehr dort.

Offensichtlich wird die innerfamiliäre Dynamik in der Großfamilie im Dorf in Kasachstan noch irgendwie aufgefangen. Mit dem sukzessiven Auszug der Großfamilie nach Berlin zieht sich das Familienband noch enger zusammen. Wanda muss noch vier Jahre in eine deutsche Schule gehen, findet dort keinen Anschluss. Sie ist sehr arm. Einmal hat sie Adidas-Schuhe an, die wohl gefälscht sind. Das erkennen die Mitschüler und lachen sie aus. Sie lernt Einzelhandelskauffrau und schließt mit einer Befähigung zur Verkäuferin ab.

Mit 21 hat Wanda ausgelernt, ist aber schwanger, sodass sie nicht mit der Arbeit beginnen kann. Die Familie ist protestantisch, allerdings ohne religiöse Aktivität. Der Ehemann, den Wanda in Deutschland kennenlernt, ist Ukrainer und orthodox. Er besitzt ein Dreijahresvisum für Deutschland, das er immer wieder erneuern muss. So ist diese Beziehung nie ganz verlässlich, sie hat immer eine Hintertür. Die beiden verstehen sich ganz gut. Entgegen aller Prognosen (Endometriose) bekommt sie zwei Kinder und wird sogar ein drittes Mal schwanger, wogegen der Ehemann ist. Wanda lässt abtreiben und nimmt ihm das furchtbar übel. Ein halbes Jahr später ist sie wieder schwanger, es kommt aber zu einem Spontanabort, den sie auch ihrem Mann vorwirft. Der Ehemann ist voll berufstätig, Wanda hat immer nur Praktika, ABM, und schon die überfordern sie. Eine Bestätigung aus dem Beruf bekommt sie nicht, zumal sie auch nicht lange stehen kann. Die Kurzzeittherapie ist mit Bescheinigungen und Empfehlungen ans Arbeitsamt, an den Rententräger und so weiter befasst. Die überweisende Hausärztin kommt auch aus Kasachstan.

Drei Jahre später kommt Wanda direkt aus der Inneren Klinik wegen heftigem und anhaltendem Schluckauf. Sie sieht sofort Zusammenhänge: Der Ehemann habe darauf bestanden, eine Schwangerschaft abzutreiben, sie habe mit Schluckauf reagiert. Das erscheint nun neben einem depressiven Syndrom und einem passiven „Sichdreinschicken" und „Sogarnichtswollen" als der letzte Rest von Lebendigkeit. Das verrät auch die Körperhaltung: hängende Schulter, gebeugter Rücken. Ein Therapiewunsch erscheint jetzt deutlicher als bei der ersten Therapie, auch nachhaltiger. (Die erste Therapie hatte die Patientin damit beendet, dass sie mir Blumen mitbrachte und sich tief bedankt hat, ohne dass ich etwas an Besserung gesehen hätte. Aber ihr reichte das.)

Dank dieser Erkrankung – Schluckauf – ist ihr eine Beziehung zu mir und damit ein Durchbruch aus den engen Familiengrenzen gelungen. Die Therapie hat damit auch den Charakter einer Initiation bekommen, Initiation als das „Einführen eines Außenstehenden [...] in eine Gemeinschaft oder sein Aufstieg in einen anderen persönli-

chen Seinszustand (Status)"[138]. Die Herauslösung aus den Familienban-
den von dieser hohen Kohäsion, insbesondere nach der Migration nach
Deutschland, erscheint nun möglicher, inzwischen ist eine durchaus positive Gegenübertragung vorhanden mit dem Bild einer Frau, die endlich einmal stolz aus der Großfamilie herausspaziert.

Es gibt anfangs nur eine feindliche Außenwelt und diese dramatische Familieninnenwelt. In diesem Zusammenhang lässt sich auch vieles andere beobachten: eine massive Verstärkung eines pseudopatriar-
chalischen Familiensystems, die Parentifizierung der Kinder, die als Einzige wissen, wo das Rathaus steht.

Wandas weitere Entwicklung ist dann ganz allmählich. Nach zwei
Jahren fängt Wanda nach langen Hängepartien am Arbeitsamt und in
der Reha an, in einer Schule bei der Essensausgabe für die Schulkinder
zu arbeiten. Die Arbeitszeit ist günstig für die Betreuung ihrer Kinder,
weil sie später zur Arbeit gehen kann und relativ zeitig zurückkommt.

Sie hat jetzt aber eigenes Geld und will sich eine neue Küche kaufen. Und erstmalig wehrt sie sich gegen ihren Mann mit den Worten:
„Ich bin eine Frau. Alle Frauen kriegen von ihren Männern, was sie sich
wünschen. Und ich kriege von dir nur, was du dir wünschst." Ein Aphorismus, der die Situation gut beschreibt.

In dieser Zeit stirbt eine Großtante. Die Großfamilie trifft sich
mehrfach zu gemeinsamen Trauerritualien. Sie singen russische Trau-
erlieder. Das wärmt Wanda und steckt auch mich noch an. Es lässt eine
Ahnung in mir aufsteigen, wie Integration in eine fremde Kultur gelingen kann, wenn die eigene vertraute Kultur lebendig bleiben darf.

Krieg und Nachkrieg in Gesellschaft und Familie
während der Retraumatisierung durch die „Wende": Ronja

Ronja (Jahrgang 1974) klagt: „In allen Beziehungen stehe ich unter
ständigem Leistungsdruck. Das ist ein ewiges Hin und Her." Sie habe
zurzeit zwei Männer, von denen sie sich trennt. Der eine ist der Kindesvater, mit dem sie keine Intimbeziehungen mehr hat, der ihr aber
Sicherheit gibt, für den sie allerdings alles machen muss. Der andere ist
ein Liebhaber, der sie nur noch mehr unter Druck bringt.

---

[138] Lexikon dewiki.de, Eintrag „Initiation" (20. 12. 2020).

Ronja arbeitet in einer kleinen Praxis. Dort sind sehr viele alte
Leute, denen sie sich sofort verpflichtet fühlt und die sie nicht mehr
ertragen kann. Weil das Geld nicht reicht, arbeitet sie freitags nachts in
einer Gaststätte. So gibt es am Wochenende kaum Erholung. Sie weiß
überhaupt nicht, was sie will, und wäre ihre Tochter nicht, würde sie
auch aus dem Leben scheiden. Angst sei ihr ständiger Begleiter. Entscheidungen seien ihr gar nicht möglich, in ihr seien nur sehr viel Leere
und Trauer.

Ronja macht tatsächlich einen agitiert-erregten, völlig überforderten Eindruck. Ihre Vorgeschichte klingt wie ein Sittenroman: Der Vater,
Jahrgang 1949, stammt aus einer Kriegsflüchtlingsfamilie aus Niederschlesien. Im Betrieb der späteren Schwiegereltern („reich wie Krupp")
lernt er Schmied. Er heiratet die Tochter aus diesem reichen Hause,
die daraufhin enterbt wird. Alles wird deren Bruder vermacht. Der Vater wird später Ingenieur und bekommt eine aussichtsreiche Stellung,
aber „ihm ist es am wichtigsten, der Familie der Mutter zu beweisen,
dass er reicher wird als diese". Diese Konkurrenz erhält eine zentrale
Dimension in der Dynamik der Großfamilie und wird sich auch zwischen Ronja und ihrem Bruder wiederholen. Ronja beschreibt ihren Vater ziemlich idealisierend als aktiv, energisch, freundlich, auch aufge-
schlossen, gütig und empfindsam. Ronjas Mutter, Jahrgang 1953, wird
Arzthelferin. Auch sie sei freundlich, fürsorglich und helfend.

Zu DDR-Zeiten gelingt es Ronjas Eltern, zu erheblichem Wohlstand
zu kommen, der Vater hat eine aussichtsreiche Stellung. Die „Wende"
bricht diese Perspektive. Der Vater macht sich selbstständig mit einer eigenen Firma, die anfangs gut, dann aber lange schlecht läuft.
Er nimmt Ronja, die inzwischen erwachsen ist, finanziell als Bürgin.
Begründet wird das alles mit protestantischer Moral. Die Erziehungs-
methoden seien durchweg liebevoll und voller Verständnis gewesen. Allerdings hinge der „Haussegen fast immer schief", und Ronja sei immer
noch zuständig dafür, die Eltern beim Streit zu versöhnen und den Frieden wiederherzustellen.

In Ronjas sechstem Lebensjahr wird der Bruder geboren. Sie reagiert mit Einnässen, Nägelknabbern und Daumenlutschen. Angst vorm
Alleinsein hat sie seit jeher. Während der Pubertät (Menarche ist im 13.
Lebensjahr) wächst Ronja sehr rasch. 1989 wird sie im Kinderferienlager
zur Schönsten gekürt. Sie hat viele Verehrer. In der Familie und in ihr

selbst aber herrscht eine streng protestantische Sexualitätsfeindlichkeit.
Später einmal erzählt Ronja, wie sie ihre Tochter Sarah über Sexualität
aufgeklärt habe. Da lag die Mutter daneben auf dem Sofa und zog sich
die Decke über den Kopf, so habe sie sich geschämt.

Während Ronjas Pubertät bricht eine Psoriasis aus. Die Schuppen-
flechte muss stationär behandelt werden und ist dann zunächst erfolgreich eingedämmt. Kaum beruhigt, kommt die „Wende". In Randberlin
zeigt sie sich vor allem dadurch, dass dort „Glatzen" auftauchen, um gegen Linke (zu denen Ronja sich zählt) zu kämpfen. Es gibt schwere Zu-
sammenstöße zwischen den Gruppen. Einmal kriecht sie von der Disko
auf allen vieren nach Hause, um nicht entdeckt zu werden. Alkohol ist
in der Familie verpönt. In den Diskos wird getrunken.

Die Schule (Gymnasium) ist ihr gleichgültig. Im 17. Lebensjahr zieht
Ronja von zu Hause weg. Sie wohnt in einer Wohngemeinschaft und lebt
bis heute in einer WG-artigen Hausgemeinschaft in einer kleinen Woh-
nung. Dennoch ist sie auch heute noch für die arthrotischen Hüften des
Vaters physiotherapeutisch zuständig, obwohl der weit außerhalb von
Berlin wohnt.

Die „protestantische Moral" ist nicht nur lustfeindlich, sie stabili-
siert auch die patriarchalische Machtstruktur der Familie, die mit „ödi-
paler Fixierung" nur unzureichend beschrieben ist. Ronja hat „Son-
nenschein" für die Eltern zu sein und soll die Großfamilie verbin-
den. Die überforderten Eltern können Ronjas primäre Bedürfnisse
von Anfang an nicht stillen. Massenhaft Kinderfehler (auffälliges Verhalten) dokumentieren den emotionalen Notstand. Bei Ronja entstehen Schuldgefühle, weil die Eltern unglücklich sind. Die Geburt ihres Bruders verschärft den Beziehungsnotstand, latente Aggressivität
verstärkt die Neigung zu Schuldgefühlen. In der Pubertät – als zweiter Chance – erwacht Ronjas Erotik zunächst, und sie hat Erfolge als
schönes, aufblühendes Mädchen. Es könnte gutgehen, wenn die Moral
der Eltern nicht extrem hinderlich wäre. Völlig überfordert hält sie sich
dann doch nicht für geeignet, doch nicht klug genug fürs Abitur. Sie
wird Physiotherapeutin und rettet sozusagen ihre Haut. Ihr Problem ist
aber weniger die Depression als die Abwehr der Depression. Zunächst
erscheint die beschädigte und dramatisierte Oberfläche, dahinter dann
eine tiefe Selbstunsicherheit und Depressivität bis hin zur Suizidalität.

Ronja hat schon 1998 eine Kurzzeittherapie bei mir absolviert. Es ging um Angstzustände und Phobie vor Krokodilen. Diese Phobien hat sie im Zusammenhang mit den Ereignissen der Wendezeit 1990 bekommen. Die Bedeutung der phobischen Inhalte hat sich damals nur ungefähr erschlossen, zur Debatte standen die Angst vor den „Glatzen", insbesondere aber auch der Druck, der vom Vater ausgeht. Die Phobien ließen etwas nach. Es war klar, dass es bei Wiederaufnehmen der Therapie um eine Psychoanalyse gehen wird, zur Entfaltung von Autonomie in einer gesicherten Beziehung. Gruppentherapie wurde erwogen, aber wegen des zu großen „Leistungsdrucks", in den sie dann geraten würde, verworfen.

Die ersten Sitzungen für die wieder aufgenommene Therapie (2006) verlaufen bemerkenswert: In der vierten Stunde stöhnt Ronja nur und druckst und ist sehr unter Druck. Erst gegen Ende dieser Stunde hat sie eine biografische Erläuterung dafür: „Ich sitze vor dem Vater, soll Mathematik machen, kenne die Aufgaben überhaupt nicht und habe keine Ahnung, was ich tun soll, will es aber perfekt machen." Nach und nach stellen sich die „Krokodile" als Traumsequenzen, auch als Folterinstrumente der Glatzen heraus. Ronja träumt viel. Die „Glatzen" spielen dabei oft eine Rolle, aber auch Altnazis: Der Opa väterlicherseits war wahrscheinlich bei der SS. Sie hat viel erfahren, aber nichts von den Eltern und Großeltern zu diesem Thema.

Ronja ist rasch interessiert an der Therapie, auch an der analytischen Arbeit. Sie hat sich von ihren beiden Männern getrennt und die Wohnung auf typische Weise umgeräumt: Das Kinderzimmer ist wunderschön. Ihr eigenes ist ganz leer. Bei Ronja zeigt sich der per Parentifizierung erworbene Über-Ich-Anteil in der Analyse zum Beispiel darin, dass sie immer die Uhr im Blick hat. Als ich die Uhr wegstelle, beunruhigt das Ronja eher noch mehr. Inzwischen wird das oft besprochen, denn sie springt immer zwei bis drei Minuten vor dem Ende der Stunde auf mit dem Impuls: Bloß nicht zur Last fallen, selbst die Kontrolle behalten und nichts den anderen überlassen! Das wird auch in ihrem Leben deutlich. Immer dann, wenn sich Beziehungen anbahnen, gerät sie unter Druck. Sie hat etwas zu leisten, etwas zu erfüllen, ohne zu wissen, was erwartet wird. Diesem Druck entgeht sie nur selten, inzwischen gelegentlich während der Analyse.

Ein in der 80. Stunde erzählter Traum verbindet diese Kontrollreak-
tionen mit anderen Erinnerungen. Sie sitzt hinten im Auto, eine Freun-
din ist die Fahrerin, und die rast zur Disko. „Okay", denkt sie, „wenn es
jetzt knallt, ist es das Ende", und stellt sich scheintot:

> Das ist, wie den Schicksalsschalter abschalten, auf lebenserhaltende
> Maßnahmen umschalten, wie zum Beispiel bei einer Vergewalti-
> gung [...], und nicht immer als Erste anmarschiert kommen, bloß
> weil ich den Konflikt nicht aushalte. Aber ich war ja immer dran.
> Ich konnte im Kindergarten nicht schlafen, weil ich nicht am Bett-
> zipfel nuckeln durfte. Da haben die gesagt: „Die guckt wie eine El-
> ster." Ich war ja auch zwei Köpfe größer als die anderen, also war
> ich schuld. Meine Mutter sagt mir: „Mach den Fehler nicht auch.
> Ich habe dich immer als erwachsen eingestuft, älter." Meine Tochter
> sieht manchmal erwachsen aus, nicht niedlich, sondern schön.

Langsam bekommt Ronja eine Vorstellung von der (auch erotisch-
missbräuchlichen) parentifizierenden Rollenumkehr, in der sie aufge-
wachsen ist.

Im März 2007 bekommt die Tochter Scharlach, und Ronja hat Angina. Sie kommt fiebrig zur Stunde und bittet um Erlaubnis, nach Hause
gehen zu dürfen. „Selbstverständlich", sage ich. Ronja versteht das als
„Kranksprechung" und hat zunächst endlich keine Schuldgefühle mehr.
Aber nur für kurze Zeit. Vorübergehend schafft sie es, mit ihrer Tochter
gemütlich Ostergeschenke vorzubereiten. Aber die Familie ist groß. Jetzt
stellt sich heraus, was für ein großes Organisationsproblem sie bewälti-
gen muss, um alle Familienmitglieder in und um Berlin mit Osterei-
ersuchen zu befriedigen und dabei noch verschiedene Verfeindungen
untereinander zu beachten. Vor jedem Weihnachtsfest, jedem Geburtstag (auch da muss sie die Gratulationstour machen) bekommt sie eine
Angina, in deren Gefolge häufig auch einen Psoriasisschub. Je desola-
ter die Beziehungen in der Familie, desto größer Ronjas „Pflichtgefühl".
Mit Liebe hat das kaum etwas zu tun.

Als ich die Fallgeschichte in einer Supervisionsgruppe vortrage,
taucht die Frage auf, wie wohl die Krokodile zu deuten seien. Typi-
scherweise beginnt Ronja in der darauf folgenden Stunde mit diesem
Thema: In der Kommune habe ein ganz echt aussehendes Stoffkrokodil

gelegen, sodass sie einen Schock bekommen habe. „Ich war körperlich völlig machtlos, ein altes Muster, so kindlich schutzsuchend." Dann erinnert sie sich, dass sie im fünften Lebensjahr einen Tarzanfilm gesehen hat mit Krokodilen in Höhlen, die Jane bedrohten. Dann schickte der Vater sie in den Keller, Holz in ein Regal einzustapeln. Das Regal hatte ein Loch, dort sah sie die Krokodile wieder. In dieser Zeit war gerade ihr Bruder geboren worden. Soweit der Stand in der 90. Stunde.

Um die 200. Stunde herum hat sich die Symptomatik deutlich gebessert. Die Angst vor Krokodilen spielt nur noch eine Rolle in dankbarer Erinnerung, weil die Aufklärung des Symptoms ihr so gut getan hat. Angst vor der Dunkelheit jedoch besteht nach wie vor. Ronja traut sich nicht durch den Wald. Die Antwort auf die Frage, welche inneren Bilder im Wald auftauchen und ob die zu ihr gehören oder ob es doch die Räuber sind, die sie ängstigen, ist ihr im Ernstfall immer noch nicht verfügbar. Bei einer kleinen Pfingstreise mit ihrem Freundeskreis nach Böhmen löst sie sich für einen Tag und fährt nach Theresienstadt. Das sei sie der Frage schuldig, was ihr Großvater, der ja womöglich bei der SS war, gemacht habe und ob sie anders widerstanden hätte als er. Sie kommt tief beeindruckt zurück. Ihr ist es gelungen, eine deutsche Führung durch die Stadt und durch das Lager zu bekommen. Das historische Interesse hat sie seit der Wendezeit 1989, als sie das von ihrem Großvater von den Verwandten väterlicherseits erfahren hat. Manchmal hat sie Angst, „dass die Nazis an die Macht kommen und am Rad drehen". Den Opfern war sie so nah, dass sie an Reinkarnation, an die sie nicht glaubt, hat denken müssen. Auf dem Rückweg hat sie Angst gehabt, dass ihr Auto stehen bleibt und sie überfallen wird.

Ich versuche zu deuten, dass das Ausgeliefertsein der Opfer, mit denen sie sich identifiziert, mit ihrem eigenen Ausgeliefertsein während der Kindheit zusammenhängen könnte, und auf diese Weise die alten Angstmonster entstehen. Diese Deutung greift aber aus heutiger Sicht zu kurz. Heute würde ich ihr vielleicht sagen, dass auf ihr ja auch die Ängste und Schuldgefühle von mehreren Generationen lasten. Denn gerade bei den transgenerationellen Traumatisierungen gibt es überpersönliche Anteile der Über-Ich-Bildungen. Dadurch entstehen unbewusste Gefühle von Schuld, Scham und Minderwertigkeit. Freud nannte sie „entlehnte Schuldgefühle". Im Rahmen des analytischen Prozesses drängen diese Schuldgefühle in den Fokus, und damit kommen auch

Fragen nach historischen Zusammenhängen. So könnte man ihre Reise nach Theresienstadt verstehen.

Die transgenerationalen Übertragungen geben sich oft erst mit der Aufarbeitung der Übertragungen zu erkennen. Manches macht sie auch „für mich", im Erahnen meiner Interessen. Sie macht auch Lymphdrainagen mit älteren Patienten. Sie hat für eine Drainage eine Stunde Zeit und spricht die „Alten" an. Sie ist fest überzeugt davon, dass denen ihr Zuhören hilft, und sie sieht deren seelische Verletzungen noch heute. Sie ist eben auch für diese „Alten" zuständig. Zu dieser Zeit hat sie ihre Riesterrente gekündigt und das Geld den Eltern gegeben. Der Vater brauche das Geld und habe auch eine Versicherung gekündigt:

> Das passt bestimmt in Ihre Schublade. Da könnte man denken, trallala, trallala, dass sie sich zu Hause eine Stellung sichern will, was der Bruder wahrscheinlichst eifersüchtig sehen würde. Aber das ist vielleicht ein Lernprozess, total beschissen, echter Samariter, das muss man mal praktisch gemacht haben: Wie fühlt sich der Körper, wenn er Geld abgibt und wie fühlt er sich, wenn er am Strand liegt?

Der Loslösungsprozess von diesem familiären – auch transgenerationellen – Erbe ist dennoch ablesbar im Loslösen und Wiederannähern und in den eigenen Wegen, die Ronja geht.

5 Explizite und implizite Transportmechanismen von Traumen – psychoanalytische Perspektiven

Bei dieser Untersuchung geht es nicht mehr nur um die primäre Traumatisierung von Personen oder Gruppen, sondern um deren direkte, indirekte, transformierte und oft schwer zu entschlüsselnde sekundäre (tertiäre/quartäre) Traumatisierung der nachkommenden Personen oder Gruppen. In diesem Abschnitt liegt der Schwerpunkt bei den *psychoanalytischen Einsichten*. Um einen differenzierten Einblick zu bekommen, habe ich aus klinischer Erfahrung einige Mechanismen etwas künstlich unterteilt in *explizite*, also unverkennbare, dramatische, eindrucksvolle, und in *implizite* Mechanismen, die kaum erkennbar, unmerklich hinter dem Rücken und gegen den Willen der Betreffenden ablaufen.

Besonders die impliziten Mechanismen sind eine Domäne der Psychoanalyse. Und da nie nur *ein* Individuum betroffen ist, wie bereits beschrieben – auch der Gruppenanalyse. Diese Mechanismen überschneiden sich selbstverständlich.

Wenn bei der Auflistung ein Aspekt hervorgehoben wird, dann heißt das nicht, dass nicht auch andere Mechanismen am Werk sind. Keiner meiner Kriegsenkel-Patienten kam um eine Parentifizierung herum; bei allen spielen paradoxe, selbstschädigende Identifikationen eine Rolle, besonders die mit einem Angreifer. Dennoch gibt es eine große Fülle und Vielfalt mit erheblichen Unterschieden.

„Explizite Transportmechanismen": Das Ursprungstrauma ist noch erkennbar

Tabus, die zu Introjekten werden

Diese Form wurde am Beispiel *Wera* besprochen (siehe oben).

Reinszenierungen traumatischer Vergangenheiten

Hier schiebt sich die Zeit wie ein Teleskop zusammen und die Vergangenheit in die Gegenwart.[139] Das sind nicht nur Schreie der Mutter in der Nacht, sondern auch zum Beispiel religiöse Zeremonien wie die Nachbildungen der Schlacht am Amselfeld[140] mit der Prozession mit dem Leichnam des Prinzen Lazar; Karfreitagszeremonien in der katholischen Kirche, auch Beschneidungen, Schlachtungen von Lämmern anstelle der Söhne Abrahams, Gedenkzeremonien für nationale Triumphe oder ausgewählte Trauertage.

Die Psychodramatherapie arbeitet mit diesem *Telescoping*, und auch in der psychoanalytischen Situation gibt es selbstverständlich diese Aktualisierungen im Hier und Jetzt. Bei *Ronja* (siehe oben) zum Beispiel überlagern sich historische Situationen, bis sie nicht mehr zu unter-

---

[139] Faimberg 2009.

[140] Für viele Serben ist die Schlacht auf dem Amselfeld vom Juni 1389 ein wichtiger Mythos. Serbische Nationalisten leiten daraus Ansprüche Serbiens auf die Kosovo-Region ab. In einer Rede im Jahr 1989 bezog sich Slobodan Milošević, damaliger Präsident der Sozialistischen Republik Serbien, auf diese Schlacht und fachte damit die Nationalitätenkonflikte auf dem Balkan an. Das mündete in vier Jugoslawienkriege, die zwischen 1991 und 1999 auf dem Balkan stattfanden.

scheiden sind. Deswegen ist die psychohistorische Perspektive so wichtig. Krieg und Nachkrieg werden in Ronja, in ihrer Familie, ja in der gesamten Gesellschaft durch die Wende remobilisiert und finden sich zunächst in den Angstfantasien wieder, bis eine differenzierte realitätsbezogene Betrachtung möglich wird.

Spaltungen – Risse – Trennungen- Beziehungslosigkeit und ihr Gift am Beispiel Karl

Karl (Jahrgang 1959) ist Beamter. Er kommt in seinem 40. Lebensjahr in eine Therapie und er klagt:

> Ich komme nicht klar. Wenn ich abgelehnt werde, dann kann ich mich überhaupt nicht mehr konzentrieren, alles ist larifari, ich fühle mich völlig überflüssig und mache alles falsch. Ich beziehe dann alles auf mich, mache alles falsch und sie [die Ehefrau] macht alles richtig.

Karl lacht bei der ersten Begegnung und schildert auch lachend, dass die Ehe im Scheitern begriffen sei und wie er zu Hause ausziehen wollte und seine Frau ihn beschimpft habe, sodass er wieder zurückkehrte. Er kommt dann auf seine Mutter zu sprechen, die ihn als kleinen Jungen an der Landstraße sieht und nicht mal winkt. Von da an wird der emotionale Kontakt sehr schnell intensiv.

Die Umstände der frühkindlichen Entwicklung verlieren sich in der besagten Amnesie: Die Großeltern mütterlicherseits stammen aus Polen oder Pommern. Der Großvater, den Karl nicht mehr kennengelernt hat, ist mit dem Fahrrad irgendwohin gefahren und nie wieder gesehen worden. Vielleicht waren das die Russen? Von seinem Vater weiß Karl überhaupt nichts. Vielleicht aus Süddeutschland? Die Mutter fuhr zu einem Großbauern in Schwaben mit einer etwas älteren Schwester, dort hat sie auch Karl geboren. Die Schwester war bei dem Bauern in dieser Gegend untergekommen.

Die Mutter ging in der sechsten Lebenswoche Karls zurück ins Brandenburgische. Sie ist ungefähr Jahrgang 1940 – „vielleicht". Nach einem Dreivierteljahr heiratete die Mutter einen anderen Mann, der habe gesagt: „Der Junge kommt mir nicht ins Haus." Woraufhin er zu seiner Großmutter kam, einer sehr strengen Bauersfrau, die sagte ganz klar: „Der Junge bleibt hier", bei der auch ein Bruder der Mutter, der nur zehn Jahre älter als Karl ist, lebte, sowie ein Stiefonkel. Als Karl elf war, wurde ein Halbbruder geboren, mit dem er später losen Kontakt bekam.

Inzwischen sind alle Kontakte abgerissen, der zur Schwester, zur Mutter, zum Stiefvater, inzwischen auch zu seiner ersten, vor acht Jahren geschiedenen Ehefrau und zur gemeinsamen Tochter, die jetzt zehn Jahr als ist. Obwohl demnach irgendwie logisch, so betrübt es mich doch sehr, dass unsere therapeutische Beziehung sich nach knapp dreißig Sitzungen auch verliert. Vielleicht hätte ich ihn dringender zum Bleiben auffordern sollen, so wie seine Großmutter und seine jetzige Ehefrau das getan haben, damit er mir glaubt, dass ich ihn meine? Oder hätte ich seine Wurzellosigkeit viel mehr thematisieren müssen?

Das psychohistorische Problem der Wurzel- und Heimatlosigkeit hat erst in den letzten zwanzig Jahren die ihm zustehende Bedeutung erlangt. Bei Karls Lebensgeschichte haben Entwurzelung und Geschichtsabriss tatsächlich und leibhaftig zu immer neuen Brüchen in seiner Biografie geführt. Die Spuren seiner Vorfahren verlieren sich auch „irgendwo in Polen im Sand". Seine Geschichte ist ein Beispiel für die „Vererbung" des großen Unglücks der Deprivation, der Gefühllosigkeit, der Sprach- und Beziehungslosigkeit. Dieser verhängnisvollen Erbfolge geht das nächste Kapitel nach - mit Lebensgeschichten und mit psychoanalytisch begründeten Theorienbildungen.

Unkontrollierte Aggressionen

Traumatisierte Eltern haben keine sicheren Ich-Grenzen, und ihre Impulssteuerung ist gestört. Traumatisierte prügelnde Väter erzeugen wiederum Traumen bei ihren Kindern. Soweit geht der „direkte" Weg, und man kann sich vorstellen, wie diese Kinder später ihre Kinder wieder prügeln. So beschreibt es *Susanne* bei ihrem Großvater und Vater. Und doch müssen sich diese Kinder mit diesen Vätern auch indirekt identifizieren, indem sie den Vater entschulden und sich selbst die Schuld geben. Das ist der implizite Mechanismus. Wegen dieser paradoxen Beziehungskonstellation wird diese Seite der Gewalt bei den eher impliziten Transportmechanismen am Beispiel *Susanne* besprochen (siehe unten).

Isolation bei Vertriebenen mit nachfolgenden narzisstischen
Dysregulationen in Form der Entwertung/Idealisierung der alten
oder der neuen Heimat am Beispiel Ruth

Diese Geschichte soll das Thema verdeutlichen, dass Flüchtlingsfamilien häufig die sogenannten Einheimischen verachten beziehungsweise die sogenannten Einheimischen die Flüchtlingsfamilien verachten und es damit zu schwersten narzisstischen Dysregulationen kommen kann.

Ruth (Jahrgang 1969) studierte Journalistik, absolvierte beste Spezialschulen und begann dann bei einer Zeitung zu arbeiten, wobei sie mit ihrem Anspruch scheiterte. Sie wurde quasi arbeitsunfähig, konnte keine Arbeit pünktlich abgeben und blieb auf diese Weise weit unter ihrem Niveau. Daraufhin wurde sie entlassen. „Wahrscheinlich lande ich noch in der Gosse, ich bin nicht mehr berechenbar. Ich möchte schnell, klug und witzig sein und kann das alles nicht."

Da sich ihre Migräne und ihre ausgeprägte depressive Symptomatik bis in die Kindheit verfolgen lassen, einigen wir uns auf eine Psychoanalyse als notwendige langfristige Behandlung. Zum Zeitpunkt der Verabredung fährt sie nach Niederschlesien, um das frühere Haus der Mutter aufzusuchen. Sie war bis dato nie in Polen. Ihre Analyse beginnt damit, dass sie sich ständig beschwert, die Analyse machen zu müssen. Sie hat gar keine Zeit und weiß gar nicht, was das soll. Hätte ich von ihrer Reise nach Polen nichts gewusst, hätte ich annehmen können, dass sie gar keine Psychotherapie machen will. Später beschreibt sie diesen Stil als „Rumnöckeln", der auch bei ihr zu Hause üblich gewesen ist, da die Mutter den Vater verachtet.

Der Vater leidet an Psoriasis. Er ist ein sehr erfolgreicher Entwicklungsingenieur. Er kritisiert die Mutter und Ruth wegen ihrer Migräne immer wegen „ihres schlechten körperlichen Materials". Diese gegenseitige Entwertung hat eine Vorgeschichte: Die hochgebildete Beamtenfamilie großmütterlicherseits musste 1945 aus Schlesien flüchten und kam dann über Thüringen nach Hessen in eine bäuerliche, schmutzige, ungebildete Atmosphäre. Die Kränkung, auf diese Leute angewiesen zu sein und später sogar dass die Mutter „einen aus dem Dorf" heiratete, hat diese schlesische Großmutter nie verwunden. Trotz aller Vorurteile bleibt die Bindung zwischen beiden Eltern offenkundig sehr eng und sehr strapazierfähig, aber eben auch strapaziös.

Mitten in ihrer Analyse berichtet Ruth eines Tages, dass sie den Vater nach seiner Geschichte gefragt hat. Dabei stellt sich heraus, dass der Großvater im Dorf der einzige SPD-Genosse war, der in der Nazizeit sogar Widerstandsarbeit geleistet hatte. Als die Besatzer kamen, sahen sie ihn für politische Aufgaben vor, da er offensichtlich ein sehr ehrenwerter Mann war. Dieser Teil der Familiengeschichte war Ruth bis dahin überhaupt nicht bekannt. Sie steht vielmehr unter dem Druck und unter der Delegation der Mutter, immer die Beste zu sein, was sie dann auch regelmäßig ist. Nun geht sie mit ihrem Vater sogar zum ersten Mal zu seinem Fußballverein.

Andere Aspekte, zum Beispiel dass Ruth Menschen, die Migräne haben, als „zweitklassig", als „lebensunwert" betrachtet, sind wohl auch Echos aus einer ganz schlimmen Zeit. Ruth bestimmt lange das Ende der Stunden, und zwar immer etwas vorzeitig, um ja nicht zur Last zu fallen. Sie beendete auch die Analyse in ihrer 297. Stunde selbst. Ihr Motto: „Auf jeden Fall das Schicksal in der eigenen Hand behalten, selbst funktionieren, nicht auf andere angewiesen sein." Dieses Motto und die daraus resultierende Vorgangsweise sind zwar theoretisch anzusprechen, manchmal auch in der Analyse zu erleben, aber in so kurzer Zeit nicht veränderbar. Nach dem Ende ihrer Therapie verweist sie mehrere Patienten an mich. So erfahre ich, dass sie geheiratet hat und ein Kind erwartet.

Die „expliziten" Mechanismen lassen sich einigermaßen erkennen und beschreiben. Zumindest ist erkennbar, dass da etwas Fürchterliches geschehen ist. So konnten wir schon früher von Erfahrungen mit diesen eher expliziten Transportmechanismen berichten.[141] Naturgemäß geben sich die „Mechanismen", die das Trauma eher implizit transportieren, erst nach und nach zu erkennen. Besonders die intersubjektive Sichtweise und die Einbeziehung der Matrix gestatten neue Einsichten in diese Zusammenhänge.

„Implizite Transmissionsmechanismen": Das Trauma ist implizit enthalten

Das sind die Transmissionsmechanismen, die den Nachkommen „schicksalhaft" „hinter ihrem Rücken" zuwachsen. Sie sind Formen der

---

141 C. Seidler u. Froese 2006/2009.

Reparation oder „Schiefheilung" von emotionalen Notzuständen oder von Beziehungslosigkeit.

„Pathologische Normalität" am Beispiel Dagmar

Typisch für Kriegsverhältnisse ist der Verlust von Schuld-, Scham- und Empathiegefühlen innerhalb einer ganzen Gesellschaft. Wenn diese Verarmung „transpersonal" alle Menschen erfasst hat, wird Pathologie zur Normalität. Radebold[142] hat dafür den Begriff der *pathologischen Normalität* eingeführt. Und er beschreibt auch die „Zentralisation der Gefühle", wenn es nur noch ums Überleben einer traumatischen Situation geht. *Zentralisation* ist ein Begriff aus der Schock-Medizin: Im Schock werden nur noch die überlebenswichtigen Organe Herz, Lunge und Gehirn durchblutet. Andere werden nötigenfalls auch geopfert: Hände und Füße können absterben.

Befinden sich Menschen in *emotionaler Zentralisation* – und das vielleicht über einen längeren Zeitraum –, ist und bleibt ihre emotionale Differenzierung erheblich beeinträchtigt. Zumal wenn es Kinder sind, also zum Beispiel Kriegskinder. Das Bestehen auf Funktionieren und auf Normalität im Erwachsenenalter und das pathologisch Normale in der Biografie, die pathologische Normalität also, hat durchaus Verwandtschaft zur Alexithymie oder zum Pensée operatoire, zu einem gefühllosen Funktionieren, wie es bei psychosomatisch Kranken oft beschrieben wird. Das halte ich für die pathologische Normalität, und bei dieser Fallgeschichte für den zentralen transgenerationellen Transportmechanismus: die deprimierte Mutter, manchmal sogar die „tote" oder „kalte", weil reaktionslose Mutter, das große Unglück der Deprivation[143], der Gefühllosigkeit und der Sprachlosigkeit.

Das gilt auch für Dagmars Mutter (Jahrgang 1941). Sie stammt aus Pommern. Deren Mutter starb in ihrem dritten Lebensjahr auf der Flucht. Der Vater war bereits gefallen, sodass Dagmars Mutter bei der Tante mütterlicherseits aufwuchs. Offenkundig hat in dieser Stiefkindposition die Mutter um sich herum die Atmosphäre verinnerlicht und später immer verbreitet von Nur-nicht-Auffallen, Nicht-so-viel-

---

[142] Radebold 2000.
[143] In der kindlichen Entwicklung die emotionale Vernachlässigung, „das Fehlen notwendiger Umweltbedingungen wie Anregungen, Behütetsein oder ausreichende Ernährung für eine normale Entwicklung" (Stangl 2021).

Erzählen, Nicht-so-viel-nach-außen-Bringen, Es-geht-niemanden-etwas-An.

Dagmar kommt im 27. Lebensjahr wegen einer Zwangsneurose aus Randberlin. Sie ist gerade Lehrerin geworden, zunächst war es mehr ein Grübelzwang, später ein Waschzwang. Die Zwänge lassen wie immer tiefe Einblicke ins archaische menschliche Seelenleben zu. Ich will aber bei der Dynamik in der Herkunftsfamilie bleiben. Die Mutter hat Dagmar immer versichert, sie sei die einzige Vertraute. Kein anderer darf etwas erfahren von dem, was sie beide besprechen, und wenn „die Mutti traurig ist, dann geht es mir immer schlecht", immer muss sie beschützt werden. Der Loyalitätskonflikt kulminiert, als Dagmar erfährt, dass die Eltern sich scheiden lassen wollen. Der Vater hat eine andere. Der Vater (Jahrgang 1940) ist Lehrer – wie Dagmar – und sehr autoritär. Damals hat sie geträumt, wie sie hinter den beiden hergeht und die andere Frau erschlägt. Bei dieser Erzählung weint sie erstmalig.

Reaktionsbildende und verleugnende konfliktfeindliche Entwicklung spielt bei den schwer traumatisierten Familien immer wieder eine große Rolle. Dagmar übernimmt sich mit Beginn des Schuljahres völlig. Sie hat die Nächte hindurch Aufsätze korrigiert, ihr wurden alle möglichen Aufgaben übertragen, sie kann nicht Nein sagen. Das verschärft die Symptomatik, sodass sich die Therapie, die eigentlich über eine Sitzung pro Woche nie hinauskommt, immer mit dem Aktuellen befassen muss. Am Ende des Schuljahres gelingt Dagmar eine Umsetzung an die Schule in ihrem Heimatort. Damit löst sie das Problem der Überforderung in der ursprünglichen Schule einigermaßen, und die Symptomatik lässt etwas nach. Aus diesem Grund und weil immer klarer wird, dass es in der Analyse ohne eine Ablösung von dieser Mutter nicht weitergehen wird, beendet Dagmar die Therapie vorzeitig. Die Mutter hat „gewonnen".

Übrigens drängt sich noch einmal eine Querverbindung zu meinen ausländischen Patienten auf: Für Migranten gibt es neben der Kultur, aus der sie kommen und in der sie landen, immer noch eine dritte Kultur, die allen gemeinsam ist, nämlich die der äußerlichen Überanpassung: Sie benehmen sich wie „Gäste". Dieses „Gast-Sein" ist eine Form pathologischer Normalität und von erheblicher Pathogenität.

Parentifizierungen[144] *als Überforderung am Beispiel aller*

Eltern und ihre Kinder haben aufeinander bezogene Rollen – es gibt keine Eltern ohne Kinder und keine Kinder ohne Eltern. Die Rollen können sich durchaus auch umkehren, dann übernehmen die Kinder Elternfunktion. Diese Rollenumkehr kann dann problematisch werden, wenn sie zu früh, zu absolut oder zu fixiert ist: Dann geht diese Rolle bei den Kindern „in Fleisch und Blut" über.

Traumatisierte, emotional behinderte Eltern aktivieren diese Rollenumkehr, die *Beelterung* durch ihre Kinder besonders wirksam. In diese Gruppe gehören die unauffälligen, autodestruktiven, altruistischen, zur Selbstlosigkeit gehörenden Abwehrmechanismen. „Parentifizierung", also die Beelterung unfähiger – in unserem Zusammenhang traumatisierter – Eltern, wächst Kindern unmerklich zu. Die Kinder werden dadurch nicht nur ihrer Kindheit beraubt, sie werden auch grundsätzlich überfordert. Diese Überforderung wird später das Lebensthema und bei aller Misserfolgsorientierung ist das Selbstgefühl daran gebunden: „Ich überfordere mich, also bin ich" und „Wenigstens bin ich und nur ich für mein Leben verantwortlich". Diese isolierend-trotzige Größenfantasie nennen die intersubjektiven Analytiker „defensive Grandiosität".

Der Modellfall: die Flucht aus Ostpreußen im Winter 1944/45. Es geht nur ums Überleben. Tiefflieger beschießen den Treck. Leichen, auch Kinderleichen säumen den Weg, das darf nicht interessieren, komm weiter, vielleicht gibt es dort einen sicheren Platz. – Für Kinder, die das längerfristig erleben müssen, gibt es keine Chance für eine emotionale Differenzierung: Es geht eben ums Überleben. Wenn diese Kinder Eltern werden, müssen deren Kinder – in unserem Zusammenhang Kriegsenkel – für Hoffnung, Zuversicht, Trost, Erbarmen sorgen. Sie müssen ihre Eltern emotional versorgen. Alle Fallbeispiele enthalten Facetten dieser paradoxen Beziehungsstruktur des Beelterns der Eltern: Überfürsorge, durch Schuldgefühle gesteuerte Beziehungen bis zum sexuellen Missbrauch, von Selbstlosigkeit bis zum Größenselbst. Ohne psychohistorische Erkundungen sind diese unglückseligen Seelenzustände nicht zu verstehen.

---

[144] *Parentibus* lat. „Eltern".

Introjekte, Embodiments, Einschüsse am Beispiel Wera[145]

Es tauchen ganz neue Beschreibungen von „invasiven Einverleibungen" in der frühen Kindheit auf, die manches besser erklären können.[146] Zeitrisse beziehungsweise Risse in der Zeitkontinuität als Bestandteil der Selbstrepräsentanz können das Selbstgefühl quälend beeinträchtigen, wie auch kognitive Lücken und Risse. Bei den primär Traumatisierten gibt es auch unstrittig ein hirnorganisches Geschehen. Bei deren Kindern – meinen Patienten – taucht aber die gleiche Symptomatik auf. Z. B. kennen viele, obwohl durchaus gebildet, die Geburtstage ihrer Eltern nicht.

Wir haben in der Therapie wie im Leben ständig damit zu rechnen, dass nicht nur Spaltungen und Verdrängungen eine Rolle spielen, sondern auch zunächst „stumme Zonen". Manche nennen sie „Kapseln" mit entsprechender Entfremdung auch „Krypten", „Depots", „Compartements", „maligne Introjekte", *„embodied memories"*. Sie sind nicht durch Erinnerung aufhellbar, können aber doch überraschend in die analytische Situation einbrechen und Katastrophenstimmung mit sich bringen. Plötzlich kann uns die Kälte der traumatischen Narbe überraschend anfauchen. Überwältigende Gefühle von Sinnlosigkeit, trostloser Verzweiflung treffen uns mit solcher Wucht, dass eigenes Tun mit einem Mal sinnlos erscheint. Manchmal versteht man erst dadurch, wie heimatlos und elend sich unsere Patienten fühlen. Matthias Hirsch hat den „Vampirismus-Mythos"[147] beschrieben, der Ferenczis „Aussaugen von Lebendigkeit"[148] aufgreift und verstehbar macht: In der analytischen Beziehung stellt sich zum Beispiel plötzlich bleierne Müdigkeit ein. Masterson spricht in diesem Zusammenhang von den sechs Reitern der Verlassenheit[149]: Leere, Langeweile, Wut, Angst, Depression, Trauer. Eltern in diesem Zustand schreien laut oder stumm nach ihren Kindern, nach eben der parentifizierenden Rollenumkehr.

---

[145] Zu Wera sowie zu Introjekten siehe auch oben.
[146] Willems 2005.
[147] Hirsch 2005.
[148] Ferenczi 1932/1939.
[149] Masterson 1980.

Das „unvalidierte Unbewusste" und die Welt der Gespenster
am Beispiel Ronja[150]

Das „Subjekt" ist dem anderen Menschen gegenüber viel ungeschützter konzipiert als das „Individuum", die „Person" oder die „Identität".
Es wird vom Gegenüber permanent beeinflusst und umgekehrt. Die
intersubjektive Psychoanalyse kennt neben dem *verdrängten Unbewus-*
sten und dem *nie Bewusstseinsfähigen* auch das *unvalidierte Unbewus-*
ste[151]: Ereignisse, die nie einer Erwähnung wert waren, verlieren sich im
Gedächtnis, und sie können und werden dennoch einen Lebenslauf beeinflussen, insbesondere über Beziehungen, die verarmt sind, einseitig,
ohne Hoffnung, verelendet und so weiter, in der Form von Gespenstern,
Wiedergängern, Geistern, Zombies. Also alles Wesen, die zwischen Leben und Tod ihr blasses Dasein fristen. *Ronja* kennt diese Gespenster.
Ihre Geschichte ist auch ein Beispiel für Parentifizierungen in einer „pathologischen Normalität". In dieser Geschichte fließen mehrere Gefühlserbschaften zusammen.

Die Aggression und die Identifikation mit dem Aggressor
am Beispiel Susanne

Menschen sind auf Menschen angewiesen. Das ist am Lebensbeginn
existenzieller und auch sofort einzusehen, bleibt jedoch lebenslänglich wichtig, auch wenn Übergangsobjekte (zum Beispiel Puppen oder
Teddys) und die Bildung innerer Objekte, hier im Sinne von inneren
Repräsentationen emotional bedeutsamer Beziehungspartner, das Angewiesensein lindern und modifizieren. So besteht das „Psychotrauma",
also das *Verlassenheitssyndrom*, darin, dass der Mensch „von Gott und
allen guten Geistern verlassen ist", wie der Volksmund spricht. Oder in
der Sprache der Psychoanalyse „im Verlust aller empathischen Objekte".
Und wenn es innen nichts und niemanden mehr gibt, dann bleibt in
der traumatischen Situation nur die *Projektion der Empathiebedürfnisse*
auf den Täter und führt zu dessen „maligner Internalisierung"[152]. Wenn
niemand außer dem Täter in der Nähe ist, klammert sich an ihn alle

---

[150] Siehe oben.
[151] Jaenicke 2006, S. 53ff.
[152] Bohleber 2000, S. 822.

Hoffnung. Das erklärt, warum die Identifizierung mit dem Aggressor umso größer ausfällt, *je größer die Aggression ist.*

Wie sich interpersonelle Pathologien in Beziehungsstörungen abspielen, beschreibt Friedman[153] so:

> Beziehungsstörungen werden immer durch tiefe, elementare und z. T. unbewusste pathogene Emotionen begründet: dem Gefühl der Bedrohung der sicheren Zugehörigkeit (Inklusion) zur Gruppe, wie auch der dazu gehörenden komplementären panischen Angst, von der Gruppe ausgeschlossen zu werden. Die Abwehr gegen diese Ängste zwingt Gruppenmitglieder oft zum Verlust ihrer Individualität und damit auch zum Verlust anderer sozial fördernder Gefühle wie Mitleid etc.

Die gruppenanalytische Theorie und die zeitgenössischen intersubjektiven Psychoanalysen gehen davon aus, dass Menschen unausweichlich in Beziehungsnetzen leben und nur durch die mitmenschlichen Beziehungen Mensch werden. Wenn diese Beziehungsnetze durchtränkt von Traumen sind, dann kommen traumatisierte Menschen aus diesen und leben in diesen Netzen. So kommen Menschen nicht um eine *Identifikation mit dem Aggressor* herum. Hier soll aus der Geschichte von Susanne erzählt werden, die zur Analyse kommt, weil sie „eine subtile Feindseligkeit gegen Männer" habe.

Susanne (Jahrgang 1978) war als Studentin ein Jahr in Frankreich, hatte dort mit einem jungen Mann eine Liebesbeziehung. Der habe sie immer schlecht behandelt und sie grob und gemein kritisiert, an dem Mann hänge sie aber jetzt noch. So ist es naheliegend, die Identifikation mit dem Aggressor als eine zentrale Entwicklungslinie bei Susanne anzunehmen – mit einem Schuss durchaus gesunder „subtiler Feindseligkeit". Tatsächlich ist eine Szene besonders beeindruckend: Sonntagvormittags gibt es zu Hause ein gemütliches Frühstück voller Harmonie, Radiomusik und gekochten Eiern. Alle freuen sich. Plötzlich fängt eines der Kinder (es sind inzwischen drei Töchter) an, sich nur ein bisschen danebenzubenehmen, und schon schlägt der Vater zu und prügelt jähzornig. Danach entschuldigt er sich bei diesem Kind, und wenn das

---

[153] Friedman 2007.

Kind dann weint, sagt er: „Reiß dich zusammen", „Hör auf zu weinen", und der Traum vom harmonischen Frühstück ist jede Woche neu ausgeträumt.

Der Großvater väterlicherseits hat auf seinem Grundstück in den Kellerräumen gewohnt und dort Bier getrunken und Marschmusik gehört. Einmal, als Susanne Johannisbeeren gepflückt hatte und sie versehentlich auf der Wiese ausgoss, kam er aus dem Keller geschossen und verprügelte Susanne gnadenlos. Sie war damals vielleicht sechs. Susannes Vater sei ebenso verprügelt worden und habe sich schon als Kind „scheiße" gefühlt.

Susannes Mutter stammt aus Schlesien. Susanne meint zunächst, sie komme aus Pommern. Offensichtlich geht es aber um Oberschlesien. Die Großeltern landeten nach der Vertreibung im Norden Deutschlands. Sie waren sehr katholisch. Die Großmutter hat noch mit dem Kruzifix die Geister gebannt. Die Mutter wurde 1946 unerwünscht in dieses Chaos geboren und war viel krank. Sie war schon zum Sterben in ein Extrazimmer geschoben worden. Später wurde Susannes Mutter enterbt, weil sie ihre Ehe hat scheiden lassen. Im Hause der Großeltern mütterlicherseits galt das „Schlesiertum" als etwas besonders Hochwertiges. In den Augen der väterlichen Familie dagegen waren die Mutter und die ganze Flüchtlingsfamilie ganz schlecht angesehen.

Das frühkindliche emotionale Mangelmilieu ist also unschwer vorstellbar: Gewalttätige unberechenbare Aggressivität, basale Bedürfnisse werden durch die überforderte, unfähige Mutter kaum ausreichend befriedigt. Die Eltern lassen sich im neunten Lebensjahr scheiden, nachdem sie zuvor schon jahrelang getrennt gelebt haben. Als der Vater sich wiederverheiratet, nimmt die alkoholkranke Mutter in suizidaler Absicht Tabletten. Susanne packt für sie die Tasche. Sie muss von da an für die Geschwister die Stullen schmieren, muss die Schnaps- und Weinflaschen vor der Mutter verstecken. Dafür, dass nach einem zweiten Suizidversuch der Mutter der Vater die Töchter wieder zu sich nimmt, ist Susanne ihm noch bis heute dankbar, und sie idealisiert den Vater sehr.

Susanne ist lange Zeit der zentrale Punkt des Familienlebens, wobei sie selbst logischerweise überfordert ist; einmal zum Beispiel geht sie sonntags zur Schule und wundert sich, dass keiner da ist. Die ganze Schwere der Symptomatik gibt sich erst nach und nach zu erkennen. Verlassenheitsdepression, sie nennt es „Weltschmerz, das Schlimmste

was man fühlen kann". In dem Zusammenhang auch Selbstverletzungen, Suizidfantasien, aber auch Promiskuität als Heilungsversuch. Im
Initialtraum läuft eine Katze über die Dächer, die einen Beutel mit
Hackepeter um den Hals gebunden hat. Parentifizierung, Selbstversorgung, aber auch: „einmal vertrauen können" als tiefer Wunsch.

In der Analyse beschäftigt uns ein Ereignis lange: Als Susanne zum
ersten Mal weint und dabei versucht, ganz verhuscht und unauffällig
die Tränen wegzuwischen, bin ich so gerührt, dass ich ihr – für mich
ganz untypisch – ein Taschentuch gebe. Da hört sie auf zu weinen und
spricht dann voller Verachtung für die Weichheit in dieser Handlung.
Die Verachtung für Emotionales ist danach ganz gut besprechbar und
die besagte Sehnsucht danach, einmal Vertrauen entwickeln zu können.
Um einiges später hat Susanne zum zweiten Mal einen Katzentraum, bei
dem diesmal sich eine ganz kleine Katze an ihre Brust schmiegt, und
dieses kleine Kätzchen rettet sie im Traum vor einer großen gewalttätigen Katze. So kehren zärtliche Gefühle wieder ein: Sie fühlt sich wie
eine Mimose, sie will nichts kaputtmachen, das alles sei zu zart und zu
empfindsam.

Susanne beklagt häufig, dass sie sich so unvollständig ausdrückt. Sie
kann oft nicht das sagen, was wirklich in ihr ist. In der Gegenübertragung herrscht häufig eine Anspannung, ein Auf-der-Hut-Sein, ein vorschnelles Interpretieren. Eigentlich zärtlich, aber immer gewärtig, dass
etwas Schlimmes passieren könnte. In so einer Situation fragt sie mich
plötzlich: Sind Sie ungeduldig? Gerade als ich wieder so ein Gehetztsein
erlebe, wie es ihr offensichtlich so oft geht. Diesen Sprachstil hat schon
Sandler[154] bei traumatisierten Patienten beschrieben. Verkürztes Reden,
Materialfülle, Sätze in der Schwebe, fragmentierte Sätze, spannungsvolles Schweigen – dadurch entsteht eine intensive, ja anklammernde,
aber ganz unklare Beziehung. Susanne hat sich offensichtlich verstanden gefühlt, denn in den nächsten Stunden öffnen sich neue Räume:
Sie berichtet im Zusammenhang mit einem Traum von einem heimlichen Durchgang zum Nachbargrundstück der Großeltern. (Man erinnere sich: Johannisbeeren, Prügeleien.) Dort ist eine ganz freundliche
Familie mit Kindern, mit denen sie häufig gespielt hat, und wo sie sich

---

[154] Sandler u. a. 1986.

richtig gut fühlte und sich, wie sie es in einem Traum schildert, im Wind und in der Sonne drehte.

Mit dieser Krankengeschichte will ich verdeutlichen: Die Traumen werden tradiert. In dieser schrecklichen Geschichte insbesondere durch den Vater, wenn man als Trauma die Schlägereien betrachtet. Betrachtet man die Verlassenheitserlebnisse, kommt die Mutter ins Feld und mit ihr die ganze Flüchtlingsgeschichte einer aus Oberschlesien vertriebenen Familie, die sich mühevoll durchgeschlagen hat, und es kommt bei dieser emotional geschädigten Mutter zur Parentifizierung von Susanne, und im Gepäck der Parentifizierung ist eben auch das sadistische Über-Ich.

Susanne sagt am Ende der analytischen Psychotherapie: „Ich konnte einer großen bedrückenden Enge entkommen, wieder Hoffnung schöpfen und Glück empfinden. Ich konnte eine für mich oft furchtbare Vergangenheit besser in meinem Körper verteilen, habe nun mehr Platz für mich und meine Gegenwart."

Es geht fraglos bei diesen traumatisch bedingten Identifikationen auch um eine *körperliche Dimension*. Susanne bekommt im Sommer 2003 einen Jungen. Obwohl die Partnerschaft mit dem Kindesvater auseinandergeht, entwickelt sich der Junge so gut, dass an Susannes primärer Mütterlichkeit kein Zweifel bestehen kann. Ein Befund, der mich sehr freut, unter dem Motto: „Unsere Analyse heilt gleich zwei Menschenkinder." Andererseits wundere ich mich: Woher hat sie diese Mütterlichkeit, da sie die doch nie erfahren hat? Doch alles genetisch?

6 Zwischenbilanz

Bis ins dritte oder vierte Glied, oder?

Bis ins dritte oder vierte Glied werden Traumen tradiert, das ist gesichertes, wenn auch zu wenig bekanntes Wissen. Ist dann endlich Schluss, oder geht es gnadenlos weiter? Das kommt darauf an – doch Hoffnung gibt es: Am Beispiel Belorussland ist zu sehen, dass mit dem Aufbrechen einer geschichtslosen Diktatur Selbstvertrauen entsteht – *eine Generation nach Katja*, die sich noch ganz in den Fängen der Transmissionen bewegen musste.

Auch für *Susanne* und ihren Sohn gibt es eine hoffnungsvolle Botschaft: „Traumen sind nicht zwangsläufig vererbbar." Die Botschaft kommt 2003 aus der israelischen Arbeitsgruppe um Abraham Sagi-Schwartz aus Haifa mit der Arbeit *Attachment and traumatic stress in female holocaust child survivors and their daughters*[155]. Erfreut und ungläubig habe ich mich bei einer Bindungsforscherin aus unserem Institut erkundigt, und in der Tat: Die Bindungstheorie geht davon aus, dass man einen sicheren Bindungsstil auch trainieren kann, wobei die frühe Mutterschaft eine besonders sensible Phase darstellt. Erste Ergebnisse darüber gibt es bereits. Wir dürfen hoffen, dass die Brandmale der Seelen wirklich nur bis zum dritten oder vierten Glied die Kinder heimsuchen, wie die Bibel prophezeit. Ein Selbstläufer ist das allerdings nicht. Es helfen stabile, haltgebende und wertschätzende Beziehungen.

Therapie und Aufklärung:
Plädoyer für die psychohistorische Perspektive

Dass Psychotherapie hilft, muss hier nicht betont werden – aber wie? Die Sprachlosigkeit und Gefühllosigkeit, die über dem ganzen Thema „Zweiter Weltkrieg" liegen, also Schuld, Scham, Schande und Trauma, machen verdrängtes und abgespaltenes Unbewusstes zum pathologischen dynamischen Unbewussten. Und das alles muss in die Analyse. Sonst wird die Auseinandersetzung mit sich und den inneren Objekten erheblich erschwert. Anders formuliert: Die Kinder dieser traumatisierten (Kriegs-)Kinder können die Auseinandersetzung mit ihren (inneren und äußeren) Beziehungsobjekten besser führen, wenn sie das nicht Gewusste oder die gewussten Fragmente in ein *übergeordnetes bedeutungsvolles Narrativ* einbinden können. Dies ist fraglos eine Aufgabe der Kultur, aber nicht nur: Ich plädiere daher ausdrücklich für eine *Psychoanalyse vor einem historischen Hintergrund*.[156]

Oft erlösend wirkt im psychoanalytischen Prozess, wenn bis dahin gehasste oder erdrückend idealisierte Eltern von den Patienten auch als Opfer und Kinder ihrer Zeit verstanden werden können und sich dann ein anderer Zugang und endlich eine Möglichkeit zur Auseinanderset-

---

[155] Sagi-Schwartz u. a. 2003.

[156] Radebold (2000, S. 15) fordert, „auf jeden Fall bedarf es jetzt parallel zur (psycho-)sexuellen und (psycho-)sozialen Perspektive der Einführung der (psycho-)historischen Perspektive".

zung mit ihnen ergibt. Besonders mit den Vaterbildern der Kriegskinder und ihrer Nachfahren ist eine Realitätsüberprüfung quasi ausgeschlossen, und sie bleiben deswegen zu großen Teilen unbewusst. Es geht eben nicht um „Vaterlosigkeit", sondern einerseits um idealisierte, damit ständig enttäuschende *Wunschväter* und andererseits um verachtete, *erbarmungswürdige Vatergestalten.* Diese Imagines stellen nicht nur zentrale Positionen in der inneren Objektwelt dar, sie beeinflussen auch gnadenlos die zwischenmenschlichen, zumal die Liebesbeziehungen. Der Verlust lebendiger Väterlichkeit scheint einen wichtigen Mosaikstein bei Pathogenesen darzustellen.

Bei meinen Untersuchungen und den Forschungen nach der Vererbung menschlichen Leids kommen die „Erblasser", zum Beispiel die Kriegskinder, manchmal nicht gut weg. Zu rasch und zu automatisch liegt „emotionaler Missbrauch" der „Kriegsenkel" in der Luft, wenn wir die Kriegskinder nicht in ihrer Zeit verstehen. Zu bedenken ist auch, dass Kinder seit eh und je für Hoffnung, Sinn und Zuversicht stehen. Sie stellen oft einen wichtigen Heilfaktor dar, sie werden zum seelischen Überleben gebraucht.

Und doch sind es die Delegationen aus Urväterzeiten, die Parentifizierungen, die diesen Kindern nicht nur ihre Kindheit rauben, sondern auch deren Über-Ich besonders grausam konstellieren. Aus denen gehen auch die schuld- oder schamgesteuerten Beziehungsstörungen hervor. Das Fortschleppen dieser Schuldgefühle verstärkt und verschleiert diese Prozesse. Von Winnicott[157] wissen wir, dass Besorgnis und Verantwortungsgefühl des Individuums auf positive Weise ein Phänomen bezeichnen, das auf negative Weise durch das Wort „Schuldgefühl" gekennzeichnet ist. Verantwortung setzt weitere Integration und weiteres Wachstum voraus. Schon aus diesem Grunde möchte ich an dieser Stelle plädieren: „Nicht schuldig" für die Kriegskinder und für deren Kinder. Keine Schuld, aber viel Verantwortung! Suchen wir nicht die Schuld bei den Kriegskindern, die zu unfähigen Eltern werden mussten. Suchen wir die Schuld dort, wo sie hingehört: beim Krieg.

---

[157] Winnicott 1974.

Wieso meldet sich beim Thema Kriegsfolgen ein Psychoanalytiker?

Für das, was sich in den seelischen Unterwelten[158] tut, für die „Machenschaften der Seele"[159], und für das, was sich zwischen den Menschen unbewusst abspielt, hat die Psychoanalyse die Expertise. Manches ist inzwischen Allgemeinwissen geworden. Das neue Forschungsfeld der *transgenerationellen Übertragungen von Traumen* fragt: Wie werden die Verletzungen, Traumatisierungen oder Schiefheilungen an die nächsten Generationen weitergeben? Wie verlaufen die versteckten, impliziten, paradoxen Beziehungs- und Transportmechanismen? Diese Aufklärung ist nicht nur für die Betroffenen wichtig und nicht nur wissenschaftlich für die Erforschung menschlichen Seins – diese Aufklärung ist eminent politisch: Sie weist nach, wie Kriege Verheerungen in Seelen anrichten, und zwar über Generationen hinweg.

Ich kann mir nicht vorstellen, dass die Leute, die einen Krieg zu verantworten haben, das alles wissen.

---

[158] S. Freud in der *Traumdeutung* (1900, Eingangszitat): „Flectere si nequeo superos, acheronto movebo" – „Wenn ich die himmlischen Götter nicht erweichen kann, so werde ich die Hölle in Bewegung setzen."

[159] Thomas Mann (1936) im Festvortrag „Freud und die Zukunft" zu Freuds 80. Geburtstag.

IV PROJEKT FRIEDEN

Im ersten Teil dieses Kapitels beschreibe ich Erfahrungen, Überlegungen und Modelle der Psychoanalyse und Gruppenanalyse, die aus meiner Sicht bei dem Projekt Frieden helfen könnten.

Im zweiten Teil folge ich der Grundhypothese, dass sich Deutschland, Europa und die Staatengemeinschaft nach den beiden großen Weltkriegen immer noch in „Rekonvaleszenz" befinden. Dieser Prozess ist nicht abgeschlossen und auch nicht abzuschließen. Manche Auswirkungen des Krieges konnten überhaupt erst nach vielen Jahren ohne Krieg realisiert werden. An einigen Beispielen versuche ich aus der Sicht meines Faches den gegenwärtigen Stand des Prozesses zu beschreiben.

„Aus der Geschichte lernen" ist eine immer wieder erhobene und oft verworfene Maxime. Im letzten Teil gehe ich davon aus, dass die Menschheit im Erkennen ihrer Begrenztheit viel über sich lernen konnte. Ich bin überzeugt: Diese Grenzen zu kennen und damit umzugehen, eröffnet neue Möglichkeiten für die Friedensarbeit.

1 Überlegungen aus der Psychoanalyse und Gruppenanalyse

> *Da werden sie ihre Schwerter zu Pflugscharen und ihre Spieße zu Sicheln machen. Denn es wird kein Volk gegen das andere ein Schwert aufheben, und werden hinfort nicht mehr kriegen lernen.*
>
> Jesaja 2,4[160]

Die Trennung von Konflikt und Krieg

Konflikt darf nicht automatisch Krieg heißen. Die Konflikte in der Welt nehmen zu: Klimakatastrophen, Terroranschläge, Bevölkerungswachstum, Hungerkatastrophen, Migration, zunehmende Spaltung in Arm und Reich. Aber es gibt andere Lösungen als Kriege! Psychoanalyse und Gruppenanalyse können sich ihrem Auftrag nicht entziehen, *kriegsfördernde Prozesse zu entlarven*, indem sie die psychoanalytische Lehre von der Abwehr der Realitätswahrnehmung auf die Gegenwart anwenden. Natürlich ist sie auch damit nicht allein, man denke an die Ponsonby'schen Strukturgesetze der Kriegspropaganda[161].

Ohne *emotionale Spaltungen* gibt es keinen Krieg. Diese Spaltungen gehören zur Kriegsvorbereitung und zum Krieg. Sie finden sich auch in der Geschichtsschreibung wieder, sogar in den Strukturen der friedenspolitischen Institutionen und immer wieder im Blockdenken von Politik und Öffentlichkeit. Die Diplomatie kennt eine Vielzahl von Sanktionen – offensichtlich ist ein Dialog zwischen Völkern eher ein Handlungsdialog als ein verbaler. Sehr schnell kommt die Klaviatur der Sanktionspolitik ins Spiel nach dem schlichten Grundsatz: Wer nicht hören kann, muss fühlen. Das alles ist besser als Krieg. Die Psychoanalyse und Gruppenanalyse sind *konfliktfreudige Wissenschaften* – sie können *Wege zum Umgang mit Konflikten* aufzeigen.

---

[160] Text nach der Lutherbibel, bibeltext.com/isaiah/2-4.htm (22. 1. 2021).
[161] Siehe Kapitel I.1.

Abbildung 7: Die spanische Verteidigungsministerin Carme Chacón bei ihrer Vereidigung 2008 im siebten Monat schwanger.

Kränkungen

„Die Wut des Virus zeigt die Torheit des Krieges. [...] Beendet die Krankheit des Krieges und bekämpft die Krankheit, die unsere Welt verwüstet."[162] Dieser Ausspruch des UN-Vorsitzenden António Guterres anlässlich der Coronapandemie machte viel Hoffnung, zumal schließlich der UN-Sicherheitsrat am 2. 7. 2020 nach monatelangen Verhandlungen eine Resolution verabschiedete für einen globalen humanitären Waffenstillstand. Zum ersten Mal in der Geschichte!

Lange gehalten hat der Waffenstillstand nicht – aber er war möglich. Tatsächlich gab es 2020 einen globalen humanitären Waffenstillstand. Wenig später ging der Krieg in Syrien weiter, der Krieg zwischen Armenien und Aserbaidschan um Berg-Karabach brach aus, und die Luftwaffe Äthiopiens bombardierte in der Region Tigray eine Oppositionsgruppe. Jemen und Äthiopien sind die beiden Länder der Welt mit der größten Hungersnot. Woher hat Äthiopien eine Luftwaffe? Wer hat die äthiopischen Kampfflieger die Kriegskunst gelehrt?

1917 beschrieb Freud die drei Kränkungen der Eigenliebe[163] der Menschheit. Die *kosmologische* Kränkung oder die kopernikanische Wende: Nicht die Sonne dreht sich um die Erde, sondern die Erde um die Sonne. Die *biologische* Kränkung: Der Mensch ist nicht göttlicher Abkunft, sondern aus einer Tierreihe hervorgegangen. Die *psychologi-*

---

[162] Vor der UN-Vollversammlung 2020, globalmagazin.com/die-wut-des-virus-zeigt-die-torheit-des-krieges (22. 1. 2021).

[163] S. Freud 1917, S. 6ff.

sche Kränkung: Das Ich ist nicht Herr im eigenen Haus. Freud glaubte, diese Kränkung trifft den Menschen wohl am empfindlichsten. Er hatte zunächst die biologischen Triebkräfte im Auge, der entsprechende, zum Beispiel sexuelle Input entzieht sich oft genug der Herrschaft des Ich. Inzwischen bezieht sich die psychologische Kränkung noch auf ganz andere Dimensionen: Der Mensch ist auf Mitmenschen angewiesen. Das kränkt ihn so sehr, dass er es nicht wahrhaben will.

Inzwischen sind im Zusammenhang mit der Auseinandersetzung zum Nationalsozialismus und zum Stalinismus noch ganz andere Kränkungen in den Fokus gerückt. Die Ursachen für solche Dehumanisierungen sind immer in Kriegen zu suchen. Für mich die größte Kränkung: Uns, den Menschen, gelingt es bis heute nicht, ohne Kriege zu leben, obwohl das immer wieder unser erklärtes Ziel ist.

Empathie oder Feindbilder

Das Wissen um menschliche Schicksale kann die emotionale Bereitschaft erzeugen, *mitzufühlen.* Mit meinen Fallgeschichten möchte ich Leser berühren. Schließlich haben mich die Schicksale ja so ergriffen, dass ich dieses Buch schreiben musste. Ich stehe sozusagen im Wort.

Ohne *Feindbilder* gibt es keinen Krieg. Feindbilder sind Bilder, die sich Menschen machen. Auch Feindbilder sind ein Werk der Kultur. Sympathie für Feinde wäre ja wohl übermenschlich. Aber Apathie oder hasserfüllte Mitleidlosigkeit lassen sich vielleicht durch einen *Perspektivwechsel* zu einem Minimum an Empathie umwandeln.

Toleranz heißt immer auch Mühe. Doch *moralischer Fortschritt kommt mit dem Mitgefühl,* sagt der amerikanische Philosoph Richard Rorty, den ich sehr schätze und gern zitiere. Er ist „Pragmatist", macht also keine großen Worte, aber gute: „Der moralische Fortschritt ist nicht davon abhängig, dass man sich über die Empfindsamkeit erhebt und zur Vernunft vordringt", und *Solidarität*

> ist zu denken als die Fähigkeit, immer mehr zu sehen, dass traditionelle Unterschiede (zwischen Stämmen, Religionen, Rassen, Gebräuchen und dergleichen Unterschiede) vernachlässigbar sind im Vergleich zu den Ähnlichkeiten im Hinblick auf Schmerz und

Demütigung – es ist die Fähigkeit, auch Menschen, die himmelweit verschieden von uns sind, doch zu „uns" zu zählen.[164]

Die Förderung von Diversität und Pluralität durch die Kultur

Theoretisch ist allen klar: Diversität und Pluralität werden zunehmen und deren Anerkennung als Entwicklungschance der Menschheit wird friedensstiftend sein. Es geht um Diversität, die allen totalisierenden Tendenzen entgegensteht, die keine Alternativlosigkeit kennt, aber kreative Konfliktfreudigkeit, und die auf gegenseitige Schuldzuschreibungen nicht hereinfällt, sondern ihr auf den Grund geht.

Gruppenanalyse und Psychoanalyse kennen Wege zur *Integration*, und sie können *desintegrative Tendenzen* früh diagnostizieren. Denn es gibt viele offene und versteckte „Mächte", ohne deren Kenntnis die dunklen Seiten menschlicher Seelen oder unberechenbare Gruppenprozesse die Oberhand gewinnen können. Wir kennen schließlich die große *Verführbarkeit*, die stammes- und entwicklungsgeschichtlich biopsychosozial in uns Menschen bereitliegt.

Mario Erdheim[165] hat den Begriff der *kalten Kultur* und der *heißen Kultur* von dem Ethnologen Claude Lévi-Strauss[166] übernommen und in die Psychoanalyse eingebracht: Kalte Kultur kennt per definitionem nur *Tradition und Stabilität*, und heiße Kultur kennt nur *Innovation*.

Wir können diese Unterscheidung auch auf die Lebensphasen des Menschen anwenden: Im leidlich guten Leben können erwachsene Menschen und ihre Kulturen zwischen beiden Polen pendeln. Während die frühe Kindheit viel Stabilität und Sicherheit erfordert, sind „Pubertät als Werk der Natur und Adoleszenz als Werk des Menschen"[167] die Lebensphasen größter Unsicherheit. In Pubertät und Adoleszenz muss die Kultur dem Jugendlichen helfen, aus den frühkindlich-familiären Prägungen herauszukommen und neue Werte und Ideale zu finden. Pointiert gesagt: So wie der Vater triangulierend in die Dyade der frühen Mutter-Kind-Beziehung eingreift und so beide aus der Enge einer Bindung befreit, so kann Kultur befreiend in den Kind-Familie-Bindungen in jene

---

[164] Rorty 1992, S. 310.
[165] Erdheim 1982, S. 284–358.
[166] Lévi-Strauss 1972, S. 29.
[167] Blos 1973.

Prozesse eingreifen, die von der Pubertät ausgelöst und unterstützt werden. Dafür ist der Begriff *„Edukation"*, im Sinne von „Herausführen"[168], sicher angemessener als der Begriff „Erziehung".

Diese wichtige Rolle der Kultur wird *Containment* genannt. Die Ergebnisse des Versagens dieser Funktion sahen wir im Osten Deutschlands nach der Wende, wo statt Kultur Chaos, Desintegration und Deklassierungen passierten. Andererseits kann die familiäre Prägung so stringent mit der Kultur in eins fallen, wie ich es mir bei streng patriarchalischen Stammesgesellschaften vorstelle. Dann ist der eigene Weg aus der Familie heraus sehr schwer oder landet in unipolarisierenden Ehrbegriffen: Ehre als Mann, Ehre als Deutscher, als Soldat, als Christ, als Muslim. Diesem überwertigen Ehrbegriff wird dann nichts weniger als das Leben untergeordnet.

Die *psychosexuelle Reifung* erfolgt zweizeitig: Nach der frühen ödipalen Phase gibt es eine gewisse Stabilisierung und große Lernbereitschaft, Latenzphase genannt. In der Pubertät setzen Sexualität und Aggressivität mit ganz anderer Kraft ein. Die Ethnopsychoanalyse skizziert einen Weg aus den frühen familiären Werten in die Kultur längs dieser psychosexuellen Entwicklungsstadien:

– Die frühen und ödipalen Komplexe haben ihren Ort in der *Primärfamilie*.
– Die Latenzzeit hat ihre Analogien in der *(eigenen) Ethnie*.
– Die Pubertät eröffnet Beziehungen zu *(fremden) Kulturen*.

Unter regressiven Bedingungen geht der Weg zurück über die Abwendung von fremden Kulturen zur eigenen Ethnie bis hin zu den eigenen archaischen familiären Werten und Haltungen. Dieser regressive gesellschaftliche Prozess im Sinne einer Entdifferenzierung kultureller Werte macht die verstärkte Bindung der Familien verständlich – und ihre Abwehr dagegen.

Vor demselben Hintergrund ist auch die *Entstehung der rechtsradikalen Jugendgangs* zu verstehen. Ihnen bietet die sie umgebende Kultur keine Alternative. Vielmehr gehört deren ethnisches oder nationales Zugehörigkeitsgefühl zu den frühkindlich entstandenen Werten, die dann zu fast angeborenen Ideen werden. Erdheim vermittelt: „In gewis-

---

[168] Lat. *educare* (ex + ducare) = herausführen.

ser Weise stellt das Ethnische den Versuch dar, den das Subjekt quälen-
den Antagonismus zwischen Familie und Kultur zu versöhnen."[169] Die
Grenzen sind fließend, man denke an die Soldatenmatrix: *Der Verlust
von Empathie*, von Schuld- und Schamgefühlen im Hinblick auf Feinde
ist die Kehrseite der Loyalität zur eigenen Ethnie. Wie entsetzlich das
ausgehen kann, zeigt die industrielle Vernichtung von Menschen für
„Führer, Volk und Vaterland" im Holocaust.

Wie entsetzlich das auch ausgehen kann, beschreibt Arthur Koestler. Er hält den Menschen für einen „Irrläufer der Evolution" und formuliert die provokative These,

> dass unsere Spezies nicht etwa an einem Überschuss an selbstdurch-
> setzender Aggression, sondern vielmehr an einer übermäßigen Nei-
> gung zur Hingabe leidet [...]. Die Zahl der individuellen Verbre-
> chen, die aus selbstsüchtigen Motiven begangen wurden, spielt in
> der menschlichen Tragödie eine unbedeutende Rolle, wenn man sie
> mit der Anzahl von Menschen vergleicht, die aus selbstloser Liebe
> zu einem Stamm, einer Nation, einer Dynastie, einer Kirche oder
> einer Ideologie hingemetzelt wurden.[170]

Großgruppenprozesse können menschliche Seelen bis zur Unkenntlich-
keit verändern. Man muss wissen, dass Koestler Kommunist war, der
sich unter dem Eindruck der großen stalinistischen Säuberungen und
Schauprozesse 1937/38 vom Kommunismus abwandte.

Wir müssen es einerseits als gesichertes Wissen anerkennen, dass
ethnische (religiöse, nationale, soziale und andere) Unterschiede mit
derartiger Gewalt aufgeladen werden können, und wir dürfen nie auf
demagogische Ethnisierung solcher Gewalt hereinfallen. Wir dürfen andererseits die *Spannung zwischen Familie und Kultur* nicht unter-
schätzen, die sich nicht nur in Stammesgesellschaften widerspiegelt, in
denen das Ethnische und das Familiäre in eins fallen. Die *ökonomi-
sche Globalisierung* hat diese Widersprüche neoliberal ignoriert mit den
bekannten Folgen der Klima-, Bevölkerungs-, Armutskrisen und mit
dauerhaften Spaltungen und kriegerischen Auseinandersetzungen. Die

---

[169] Erdheim 1982, S. 187.
[170] Zit. in: Mentzos 2002, S. 19.

Antwort auf diese fatale Globalisierung dürfte kein Rückfall in Klein-
staaterei sein, wie zum Beispiel anlässlich der Coronakrise in Deutschland und Europa, sondern in *Regionalisierungen von Staatengruppen* als
Strukturanpassung, um die nationalen Einengungen zu erweitern – aber
hier überschreite ich meine Kompetenzen. Zumal die gegenwärtigen De-
mokratiebewegungen oft im Nationalen, ja Nationalistischen enden, in
der Ukraine, Belarus, in den baltischen Staaten, Polen, Ungarn, Spanien,
Großbritannien, „Amerika first" und so weiter. Ist das eine Erholungs-
phase, ein Ausruhen auf jenem Kompromiss oder ein Rückfall? Oder ist
die Überwindung des Nationalen illusionär und diese Erwartung ihrer-
seits toxisch?

Wenn wir das ethnopsychoanalytische Modell zuhilfe nehmen,
dann *kann nur die Kultur die Menschen aus den ethnischen Beklemmun-
gen herausführen* und „zu großen Einheiten zusammenballen", wie es
Freud formulierte. Er hatte im Untergrund der Kultur die Liebe gesehen.[171]

Kinderrechte als Beitrag zum Projekt Frieden

Unser Selbst entsteht auch in Abgrenzung zu anderen, Vorurteile er-
leichtern Zusammenleben. Wir kommen um Vorurteile – also vorgefas-
ste Urteile vor Faktenlage – nicht herum. Sie gehören zum großen For-
menkreis „Beziehungen". Auch sie entstehen biopsychosozial zu einem
großen Teil in der Kindheit, und ihre Bedingungen sind weitgehend unbewusst. Ob die Vorurteile beim Leben helfen oder bösartig und feind-
selig geraten, hängt ab von der Gewalterfahrung in der Kindheit. Die
Kinderrechtskonvention der Vereinten Nationen ist deswegen so wichtig,
weil sie eine gewaltfreie Kindheit fordert, neben Bildung, Gesundheit,
Heimat und vielem anderen. 1989 hat die UN-Vollversammlung diese
Kinderrechtskonvention verabschiedet. Mittlerweile wurde das Dokument von fast allen Staaten der Erde unterzeichnet. Auch der Weltkin-
dertag, der in Deutschland immer am 20. September gefeiert wird, soll
auf die besonderen Rechte der Kinder hinweisen.

Die Realität sieht jedoch anders aus: *Nie waren so viele Kinder auf
der Flucht und lebten unter so chaotischen Bedingungen.* Wir müssen
davon ausgehen, dass dort Gewalt eine große Rolle spielt. So werden

---

[171] S. Freud 1930, S. 462.

unglückliche Menschen wieder bösartige Vorurteile, Fremdenhass und Feindbilder entwickeln, die für erneute Kriege gut geeignet sind. Wenn wir davon ausgehen, dass die Fähigkeit zur Pluralität in Kindheit und Jugend angelegt wird, dann muss sich auch im friedlichen Deutschland die Kindererziehung weiterentwickeln. Mentzos hat bereits 2002[172] dazu einige Vorschläge:

- Verbesserung der Sozialisierungsbedingungen in der frühen Kindheit
- *Demokratisierung* unserer politischen Systeme
- *Humanisierung* durch bessere Informationsvermittlung

Um diese drei Punkte steht es in Deutschland und der Welt nicht zum Besten. Außerdem warnt Mentzos vor

- der ökologischen Katastrophe
- dem *ungebremsten Kapitalismus*, der durch Verherrlichung und Hervorhebung der Profitmaximierung und der Konkurrenz als höchstem Wert desintegrativ wirkt,
- *erzwungener Wir-Bildung* auf Kosten der Schwächeren im Rahmen der Globalisierung

Manche Großmächte sehen Kriege als „Reinigungs- und Erziehungsmaßnahmen" gegen undemokratische oder „böse" Völker an, die ihrer „verdienten Strafe" zugeführt werden müssen. Diese Hybris nenne ich *schwarze Völkerpädagogik.* Mein Kollege Vamik Volkan nannte das sehr diplomatisch „Das Versagen der Diplomatie"[173]. Es handelt sich aber um Verbrechen.

Rehumanisierung, Resilienz, Recovery und gruppenanalytische Ideen

Eine *„Rehumanisierung"* muss viele Schamschranken bei den Exkriegern überwinden. Die moralischen Maßstäbe der Soldatenmatrix überdauern auch aus diesen Gründen. Das Menschsein im „Dienste der Sache" wirkt weiter – auch in Friedenszeiten: „Selbstlosigkeit" als Abwesenheit eines Selbst. Die *Wiedereinsetzung eines Selbst* hängt ab von der Zivilisierung der Soldatenmatrix, von der Rückkehr der Empathie in der

---

[172] Mentzos 2002, S. 244–245.
[173] Volkan 1999.

Gesellschaft. „Es ist nicht einfach, jemandem, der solche Erfahrung gemacht hat, klarzumachen, dass Frieden ist."[174]

Auch hier kann uns die Idee der *Matrix* vielleicht zu einem Perspektivwechsel verhelfen: Alles, was innerhalb der Matrix passiert, gehört zu uns. Ob fern, ob nah, es gehört zu uns! Auch die vielen Gemeinheiten des Lebens und der Menschheit, mit denen wir nichts zu tun haben, die wir uns nicht einmal vorstellen wollen, gehören zu uns. Mit dieser Gewissheit könnte es gelingen, die dehumanisierenden Spaltungen aufzuheben und zu einem Minimum an Empathie zu gelangen, die so etwas wie Gerechtigkeit ermöglicht.

Die Resilienzforschung geht von Schutzmechanismen im Gehirn aus, von seelischer „Widerstandskraft". Manche sehen durchaus die Rolle stabiler, haltgebender und wertschätzender Beziehungen. Der Psychoanalytiker Tilo Held hat beschrieben, wie sehr „Resilienz, Recovery und posttraumatische Reifung" der *„Child-Survivors der Nazi-Verfolgung"* davon abhängig sind, ob sie im Aufnahmeland einen guten Ort sehen konnten, „wo es glückliche Fügungen gibt und Kontrolle über die Dinge und wo im Allgemeinen die Gerechtigkeit siegt".[175]

In diesem Zusammenhang gehören auch die von Robi Friedman eruierten typischen *Muster von Beziehungsstörungen in Gruppen*: Nicht nur die beschriebene „Selbstlosigkeit" als ein intersubjektives Geschehen stellt ein solches Muster dar, sondern auch die „Marginalisierungsstörung" und die „Ausschließungsbeziehungsstörung". Alle Störungen haben einen gemeinsamen emotionalen Hintergrund:

> Beziehungsstörungen werden immer durch tiefe, elementare und zum Teil unbewusste pathogene Emotionen begründet: dem Gefühl der Bedrohung der sicheren Zugehörigkeit (Inclusion) zur Gruppe, wie auch der dazu gehörenden komplementären panischen Angst, von der Gruppe ausgeschlossen zu werden. Die Abwehr gegen diese Ängste zwingt Gruppenmitglieder oft zum Verlust ihrer Individualität und damit auch zum Verlust anderer sozial fördernder Gefühle wie Mitleid etc.[176]

---

[174] Krause 2002.
[175] Held 2014, S. 699.
[176] Friedman 2007, S. 66.

Die Lehre von diesen Mustern von Beziehungsstörungen bietet sich an, manche Demokratiedefekte besser zu diagnostizieren und zu verstehen. Man denke nur an die Marginalisierung vieler Kritiker der Coronaseuchen-Politik anstelle einer lebendigen Opposition und einer breiten Diskussion. Auch wenn die deutschen Regierenden relativ erfolgreich in den Hygienemaßnamen waren, so radikalisierten sich die Marginalisierten, leugneten die Gefahr und torpedierten die Maßnahmen. Zur *Marginalisierungsstörung* gehört auch, dass das Zentrum die Marginalisierten braucht, um sich wohlzufühlen. – „Gott sei Dank, wir sind nicht so", spottete schon Wilhelm Busch.[177]

2 Rekonvaleszenz nach den großen Kriegen

> *Die Nato hat nicht die Absicht, Waffen im Weltraum zu stationieren.*
>
> Jens Stoltenberg, 2019[178]

> *„Weltraum-Krieg: Nato plant Space Center in Ramstein"*
>
> Berliner Zeitung, 2020[179]

Von deutschem Boden darf nie wieder ein Krieg ausgehen. Aber ...

Aus schrecklicher Erfahrung geboren, sind diese großen Worte Ausdruck großer Hoffnungen, eines ernsten Bemühens – und ein Versprechen. Das betraf beide deutsche Staaten, und dieses Versprechen wurde in den Jugoslawienkriegen in den Neunzigerjahren gebrochen. Deutschland hat aber nicht an den Kriegen im Irak und in Libyen teilgenommen – eine viel zu wenig gewürdigte couragierte Leistung, sich aus fatalen Bündnispflichten herauszuhalten. Diese Linie offensiv zu vertreten

---

[177] „Ei, ja! – Da bin ich wirklich froh! Denn, Gott sei Dank! Ich bin nicht so!!" Aus: *Die fromme Helene*, literaturtipps.eu/pdf/fromme_helene.pdf (22. 1. 2021).

[178] Zitiert in *Zeit online* vom 19. Oktober 2019, www.zeit.de/news/2020-10/19/nato-will-in-ramstein-space-center-aufbauen (22. 1. 2021).

[179] Vom 19. Oktober 2020, www.berliner-zeitung.de/news/weltraum-krieg-nato-will-space-center-in-ramstein- li.112532 (22. 1. 2021).

würde das Gewicht Deutschlands in der Friedenspolitik erhöhen, aber
es gibt zu viele Rückfälle in „Bündnistreue" genannte Mitläuferei.

Fall Gauck. Dafür warb ausgerechnet der Bundespräsident Gauck
bei Eröffnung der 50. Münchner Sicherheitskonferenz am 31. Januar
2014: „Und wenn wir überzeugende Gründe dafür gefunden haben, uns
zusammen mit unseren Verbündeten auch militärisch zu engagieren,
sind wir dann bereit, die Risiken fair mit ihnen zu teilen?"[180], fragte
der Präsident und ostdeutsche Pastor in dieser Ansprache, die ich als
unverantwortlich und demagogisch erlebte.

Fall Nato. Über nichts werde so sehr geheuchelt wie über Sexualität und Geld,[181] hatte Freud bemerkt. Das ist kein Vergleich zum Umgang mit der Wahrheit oder Wirklichkeit, wenn es um Krieg geht. Da
der Krieg immer auch ein Propagandakrieg ist, gilt die eine Hälfte der
Lüge und Heuchelei den Feinden. Aber dass die eigenen Leute belogen und betrogen werden, macht die Kriegstreiberei noch schändlicher.
Mir geht es – wie im ganzen Buch – um diese zweite Hälfte. Wachsam
sein, kritisch bleiben sind Grundtugenden für die Früherkennung von
Spaltungen, Vorurteilen und Feindbildern in der Gegenwart. Die Ponsonby'schen Strukturgesetze[182] und die psychoanalytische Lehre von der
Abwehr der Realitätswahrnehmung sind dafür brauchbare Werkzeuge.

Fall China. China als „Werkstatt der Welt"[183] avancierte im westlichen Sprachgebrauch zur „Leistungsdiktatur". Nun „muss" die Nato
aber doch ein „Space Center" gründen in Abwehr chinesischer imperia-
ler Absichten.

Fall Rüstungsexporte. Früherkennung heißt auch Aufdecken von
gefährlichen Scheinheiligkeiten: Rüstungsexporte und Aufrüstung stif-
ten keinen Frieden, aber sie brauchen Feindbilder. „Der Schoß ist
fruchtbar noch, aus dem das kroch", warnte Brecht.[184] Was ist aus
der Soldatenmatrix in Deutschland geworden? Einerseits sind deutsche Diplomaten glaubhaft um Friedenspolitik bemüht, andererseits ist
Deutschland der drittgrößte Waffenexporteur. Ein „friedliebender" Waf-

---

[180]   www.bundespraesident.de/SharedDocs/Reden/DE/Joachim-Gauck/Reden/2014/
01/140131-Muenchner-Sicherheitskonferenz.html (22. 1. 2021).

[181]   S. Freud 1913, S. 484.

[182]   Siehe Kapitel I.1.

[183]   BPB 2018.

[184]   Im Epilog zum *Arturo Ui* (Brecht 1975).

fenlieferant bleibt doppelbödig. Dazu ein Beispiel von 2014 aus der *Berliner Zeitung*:

> Die Bundesregierung will 115 Millionen Euro beisteuern für den Kauf von vier Kriegsschiffen durch die israelische Marine. Regierungssprecher Steffen Seibert erklärte am Montag, dies geschehe wegen der besonderen Verantwortung Deutschlands für Israel nach dem Völkermord an Juden während des zweiten Weltkrieges. Israel will Korvetten bei ThyssenKrupp Marine in Kiel bestellen. Das Geschäft hat ein Gesamtvolumen von rund einer Milliarde Euro.[185]

Diese Mitteilung muss man sich auf der Zunge zergehen lassen: So viel doppelte Moral bei so guten Rüstungsgeschäften mit Ländern in Krisengebieten! Ich habe zu oft miterlebt, wie Waffen kontinuierlich weiterexportiert wurden, während die Diplomatie vorzeitig aufgab. Robi Friedman hat für dieses Entwicklungsstadium aus der Soldatenmatrix heraus in eine zivile Matrix den Begriff *Anti-Soldatenmatrix* geprägt, sie stellt gewissermaßen den Anfang einer Gegenbewegung dar. Gerade gegenwärtig ist zu beobachten, wie sich das Netz der Soldatenmatrix wieder zuzieht: Der wachsende Aufbau des Feindbildes Putin, der Verlust einer Differenzierung der Meinungen und das beginnende Versagen der Diplomatie zeigen, wie schnell diese Gegenbewegung gefährdet ist. Es ist auch schwierig: Massiv verstärkt durch die „sozialen" Medien werden Meldungen zu einem Hype oder sie werden „vergessen". Die gern geheim gehaltenen militärbezogenen Fakten und Aktionen treten hinter die Aufgeregtheiten der Welt zurück, wie zur Zeit der Coronakrise die Atombewaffnung beziehungsweise die Verhandlungen zum Atomwaffensperrvertrag.

Fall Atomwaffensperrvertrag. Am 22. Januar 2021 tritt der Atomwaffenverbotsvertrag der Vereinten Nationen in Kraft. Die Zivilgesellschaft, die Internationale Kampagne zur Abschaffung der Atomwaffen (ICAN), Tausende Mitglieder der Internationalen Ärzte für die Verhütung des Atomkrieges – Ärzte in sozialer Verantwortung e.V. (IPPNW) und die Friedensbewegung in vielen Ländern der Erde waren die Initiatoren und Wegbereiter des nun völkerrechtlich gültigen Atomwaffenverbots. Ohne

---

[185] *Berliner Zeitung* vom 16. 12. 2014, S. 5.

die mühsame, geduldige, kreative Bewegung von unten hätte es diesen
Atomwaffensperrvertrag nie gegeben. Auch das gehört zu Deutschland.

Verschieben von Schuld

Großgruppen, Ethnien oder Nationen möchten vor sich und der Welt
gut dastehen und hätten am liebsten keine Schuld. Auch noch 75 Jahre
nach dem Krieg passieren in der Geschichtspolitik Schuldverschiebun-
gen. Ponsonbys Strukturgesetze der Kriegspropaganda gelten auch im
Kampf um die Deutungshoheit im Dienst gegenwärtiger Politik.

Dazu ein aktuelles Beispiel. In einer Entschließung der EU vom
17. September 2019 zum 80. Jahrestag des Beginns des Zweiten Weltkriegs wird der Beginn des Krieges nicht am 1. September 1939 gesehen – mit dem Überfall Deutschlands auf Polen –, sondern am 17. September, dem Tag des Einmarschs der Roten Armee in Ostpolen. Diese
Entschließung des Europäischen Parlaments zum „80. Jahrestag des Beginns des Zweiten Weltkrieges und zur Bedeutung des europäischen
Geschichtsbewusstseins für die Zukunft Europas"[186] kam offensichtlich
unter dem Einfluss Polens und der baltischen Staaten zustande.

Das finde ich schon ungeheuerlich genug, aber das eigentliche politische Dokument stellt die Verbrechen des Nationalsozialismus und
des Stalinismus nebeneinander und spricht davon, dass die beiden totalitären Regime „dem Ausbruch des Zweiten Weltkrieges den Weg be-
reiteten. Vom 1. September ist keine Rede mehr", schreibt die Historikerin Claudia Weber,[187] Professorin für Europäische Zeitgeschichte an der
Viadrina. Darauf habe Präsident Putin kenntnisreich reagiert und von
Geschehnissen gesprochen,

> die an gefälligen Selbstbildern und liebgewordenen Erzählungen
> kratzen. Stattdessen berichten sie von der Hybris einer Realpolitik,
> die auch unsere Gegenwart prägt. Die Widersprüche und Konflikte
> in den europäischen Demokratien, die Machtlosigkeit transnationa-
> ler Institutionen wie der EU, alte Großmachtmentalitäten, ideologi-

---

[186] Nachzulesen unter www.europarl.europa.eu/doceo/document/TA-9-2019-0021_
DE.html (22.1.2021).
[187] Claudia Weber, „Putins Sicht auf den Zweiten Weltkrieg: Ist es Geschichtspolitik?",
in: *Berliner Zeitung* vom 8.7.2020, S. 4.

sche Grabenkämpfe und das übliche Geschacher: Die 1930er-Jahre sind der Spiegel, in dem wir uns selbst erblicken. Putin hält Europa diesen Spiegel vor, allerdings, um nicht selbst hineinsehen zu müssen.[188]

Ponsonbys Strukturmerkmale wirken natürlich auf beiden Seiten. Das alles reduziert das Schuldgebirge Deutschlands nicht. Aber es macht etwas klar: Der Kampf um die Geschichte unterliegt den gleichen Mechanismen, den gleichen aus der psychoanalytischen Lehre bekannten Abwehrmanövern der Realität wie die Strukturgesetze der Kriegspropaganda. Es ist wohl besser, das nicht zu vergessen.

„Daß nie eine Mutter mehr ihren Sohn beweint"[189]

Am 6. Juni 2000 wurde der Menschenrechtspreis 2000 der Friedrich-Ebert-Stiftung an den Verband der Komitees der Soldatenmütter Russlands verliehen. Das Komitee der Soldatenmütter Russlands, so beschreibt es die Stiftung, wurde Ende der Achtzigerjahre als Nichtregierungsorganisation

zur Durchsetzung von Menschenrechten im militärischen Bereich gegründet. Es verteidigte erfolgreich Soldaten, die sich aus Gewissensgründen weigerten, am Krieg in Tschetschenien teilzunehmen, und unterstützte Soldatenmütter, die ihre Söhne von Tschetschenien wegbrachten, um den Krieg zu beenden. Es setzte sich auch für die Menschenrechte des tschetschenischen Volkes ein und ist auch heute „auf beiden Seiten der Front" aktiv.
[...]
So gelang es den Soldatenmüttern, Rentenzahlungen für Hinterbliebene gefallener Soldaten durchzusetzen und eine Amnestie für Deserteure, deren Menschenrechte verletzt wurden. 1998 hat die Staatsduma eine durch die Soldatenmütter geforderte Amnestie für 40 000 Soldaten gebilligt. Für ihre friedlichen Menschenrechtsaktivitäten wurde der Verband der Komitees der Soldatenmütter Rus-

---

[188] Ebd.
[189] *Auferstanden aus Ruinen* (Nationalhymne der DDR), Text: Johannes R. Becher, 1949.

slands mit zahlreichen Ehrungen, unter anderem dem Alternativen Nobelpreis (Right Livelihood Award) 1996, ausgezeichnet.[190]

Das war in der Sowjetunion und in Russland möglich.

Fast immer waren *Kriege Männersache*. Welche Rolle dabei die strahlenden Augen der stolzen Mütter und Bräute gespielt haben, beschreibt die Soldatenmatrix. Das alles mögen Rollenklischees sein und tief in der Grundlagenmatrix verankert. Dazu gehört scheinbar auch, dass die Tränen der Väter um ihre Söhne keine Rolle spielen sollen und auch dass der Tod von Soldaten weniger zählt als der Tod von Zivilisten.

Doch wenn *Mütter oder Frauen* so in Kriegsangelegenheiten eingreifen wie die *Soldatenmütter Russlands*, taucht plötzlich Hoffnung auf, und als eine schwangere Dichterin Spaniens Verteidigungsministerin wurde, machte mich das regelrecht glücklich und hoffnungsvoll. Ein alter, naiver Kinderglaube? Jenes Bild ging um die Welt und hat hohen Erinnerungswert: Die hochschwangere *Carme Chacón* schreitet am 19. April 2008 im afghanischen Herat die Front der spanischen Soldaten ab.[191] Als sie 46-jährig starb, schrieben ihre Parlamentskolleginnen: „Nie waren wir einer besseren Zukunft so nahe wie mit dir, Carme."[192]

2013 wird die Ärztin *Ursula von der Leyen* Verteidigungsministerin im Kabinett Angela Merkel. Sechs Jahre danach übernimmt *Annegret Kramp-Karrenbauer* diese Aufgabe und 2020 *Eva Högl* (SPD) die Funktion der Wehrbeauftragten des Bundes. Auch das macht Mut und Hoffnung – und nicht nur mir. Vermisst habe ich allerdings eine öffentliche Diskussion dieses revolutionären Vorgangs.

Wo viel Hoffnung ist, muss es auch Enttäuschung geben: Obwohl die SPD-Bundestagsfraktion die Drohnenbewaffnung ablehnt, spricht sich die Wehrbeauftragte Högl dafür aus, als sei sie sofort vom Militär umerzogen worden.[193] Pointiert gesagt: Die Macht der Soldatenmatrix, fixiert und zementiert durch Bündnisverpflichtungen aller Art, ist stärker als der Abrüstungswille.

Immer noch.

---

[190] www.fes.de/menschenrechtspreis/menschenrechtspreis-2000 (22. 1. 2021).
[191] Siehe Abbildung zu Beginn Kapitel IV.
[192] Zit. in: Dahms 2017.
[193] Lohe/KNA 2020.

Die Geburt einer friedlichen Weltordnung aus dem Geist der Tragödie

> *Wie kein Prozess wäre, wenn nicht etwas*
> *fehlte, so ist lebendiges Sein wesentlich Noch-*
> *nicht-Sein*
>
> Ernst Bloch[194]

Als Folge der Grausamkeiten des Zweiten Weltkriegs, des menschlichen Elends, des Schmerzes und um vergleichbare Gräuel und Ungerechtigkeiten künftig zu vermeiden, entstand der Versuch einer friedlichen Weltordnung. Es gibt heute internationale Institutionen und Verträge, von denen die Menschheit vor hundert Jahren nur träumen konnte: die Uno, den Haager Gerichtshof und im Januar 2021 ganz aktuell in Kraft getreten: der UN-Atomwaffenverbotsvertrag – ohne Deutschland.[195] Es gibt die WHO, ohne die zum Beispiel in der Coronapandemie gar nichts zu lösen wäre.

Es gibt die *Rekonvaleszenz* der geschundenen Staatengemeinschaft nach den großen Kriegen, es gibt *Rückfälle* in die Barbarei von Kriegen, die immer Niederlagen der Menschheit sind, es gibt Narben und Schiefheilungen, und dazwischen gibt es immer wieder demokratische und humanistische Kulturentwicklungen als Ausdruck moralischen *Fortschritts*. Und doch müssen wir zur Kenntnis nehmen, dass es beide Tendenzen in der Welt gibt.

Wir haben noch lange nicht alles verstanden. Das Glas ist noch lange nicht halb voll, aber wir haben schon ein Glas. Mit Ernst Bloch können wir durch ein „utopisches Fenster" eine Landschaft liegen sehen, „die sich erst bildet".[196] In dieser Landschaft lassen sich bereits einige Formungen erkennen, die mich begeistern und aus denen ich zwei hervorheben will: die UN-Menschenrechtscharta und die UN-Völkermordkonvention.

---

[194] Bloch 1959/1987, S. 190.
[195] Das 50. Vertragsmitglied ist Honduras am 25. 10. 2020, damit ist der Vertrag gültig.
[196] Bloch 1959/1987, S. 190.

Die UN-Menschenrechtscharta

Die Vereinten Nationen wurden als Folge der Grausamkeiten des Zweiten Weltkrieges gegründet, um vergleichbare Gräuel und Ungerechtigkeiten künftig zu verhindern. *Kriege sind heute grundsätzlich völkerrechtswidrig:*

> Alle Mitglieder unterlassen in ihren internationalen Beziehungen jede gegen die territoriale Unversehrtheit oder die politische Unabhängigkeit eines Staates gerichtete oder sonst mit den Zielen der Vereinten Nationen unvereinbare Androhung oder Anwendung von Gewalt.[197]

Wenn das kein Grund zum Feiern ist. Trotz der Ausnahmen:

– Das „Recht zur individuellen oder kollektiven Selbstverteidigung" bei einem bewaffneten Angriff („*armed attack*"). Dies ist aber dem UN-Sicherheitsrat „sofort anzuzeigen", denn er hat die „Befugnis und Pflicht, jederzeit die Maßnahmen zu treffen, die er zur Wahrung oder Wiederherstellung des Weltfriedens und der internationalen Sicherheit für erforderlich hält" (Art. 51).

– Die Ausnahme des Gewaltverbots bei „eine[r] Bedrohung oder ein[em] Bruch des Friedens oder eine[r] Angriffshandlung" („*act of aggression*"), die vom Sicherheitsrat festgestellt wurde (Art. 39). Der Sicherheitsrat kann dann nichtmilitärische (Art. 41; zum Beispiel Unterbrechung der Wirtschaftsbeziehungen und des Verkehrs) und, wenn diese „unzulänglich" sind, auch militärische Zwangsmaßnahmen beschließen (Art. 42; „Demonstrationen, Blockaden und sonstige Einsätze der Luft-, See- oder Landstreitkräfte").

Der Weltsicherheitsrat hat somit eine völkerrechtlich höchste Kompetenz zur Aufhebung des Gewaltverbots, er hat allerdings kein Gewaltmonopol. Wenigstens fällt nicht der Begriff „gerechter Krieg", denn das ist ein Euphemismus, Krieg kann bestenfalls gerecht-fertigt sein.

Der Sicherheitsrat besteht aus 15 Mitgliedstaaten der Vereinten Nationen. Fünf davon sind *ständige Mitglieder*: China, Frankreich, Großbritannien, Russland und die USA. Substanzielle Beschlüsse bedürfen

---

[197] Artikel 2 Ziffer 4 der *Allgemeinen Erklärung der Menschenrechte*.

der Zustimmung von neun Mitgliedern einschließlich sämtlicher ständiger Mitglieder, die somit ein *Vetorecht* besitzen.[198] Die Großmächte kontrollieren die Großmächte, letztlich sich selbst. Gewaltenteilung sieht anders aus. So ist der Stand.

Die UN-Völkermordkonvention

Raphael Lemkin (1900–1959), ein polnisch-jüdischer Jurist, war seit 1929 zunehmend bemüht, ein internationales Recht zu schaffen, das seine Regierung und andere zwingen würde, bei einer gezielten Ermordung von ethnischen und religiösen Gruppen einzuschreiten. Verantwortliche für solche Verbrechen sollten vor Gericht gestellt werden, egal, wo sie diese begangen hatten, und unabhängig von ihrem offiziellen Status oder ihrer Nationalität. Er berief sich dabei ausdrücklich auf den Völkermord an den Armeniern. Am 18. April 1941 begann er eine Rede an der Duke University: „Wenn Frauen, Kinder und alte Menschen 100 Meilen von hier ermordet werden, würden Sie dann nicht zur Hilfe eilen? Warum aber trifft Ihr Herz nicht dieselbe Entscheidung, wenn es nicht hundert, sondern 3000 Meilen sind?" Er prägte den Begriff *genocide*, noch bevor die Massenvernichtungslager Nazideutschlands bekannt wurden. Im Nürnberger Prozess 1945 wurde dieses internationale Recht erstmalig angewendet, hier assistierte Lemkin dem Hauptanklagevertreter der Vereinigten Staaten, Robert H. Jackson.[199]

Dass Menschen Menschen umbringen, nur weil sie einer anderen Ethnie[200], Nation oder Religion angehören, ist so ungeheuerlich und eine meiner Grundfragen an Menschlichkeit – und eine permanente Frage an mein Fachgebiet. Selbst wenn diese Unterschiede mit ganz anderen Interessen, nämlich wirtschaftlichen, politischen und Machtinteressen, aufgebläht werden, erscheint mir das hier und heute absurd. Aber Geschichte und Gegenwart zeigen die mörderische Potenz dieser Gefühle. Wir sind gut beraten, diese Kräfte ernst zu nehmen, sie liegen in der Latenz bereit.

---

[198] Vgl. Eintrag „Sicherheitsrat der Vereinten Nationen" auf der Website der Bundeszentrale für politische Bildung, www.bpb.de/internationales/weltweit/vereinte-nationen/48583/sicherheitsrat (22. 1. 2021).

[199] Alle Daten und Zitate aus dem Wikipedia-Eintrag „Raphael Lemkin" (22. 1. 2021).

[200] „Rasse" ist im Deutschen zu Recht inzwischen ein Unwort.

Dass es die Völkermordkonvention so schwer hat, sich durchzusetzen, ist auch ein indirekter Beweis für diese Kräfte, wie am folgenden Beispiel zu sehen ist: Im Jahr 2016 wurde vom Bundestag der *Genozid an den Armeniern* durch die Osmanen im Jahr 1915/16 anerkannt und im gleichen Atemzug der *Genozid an den Hereros* 1904 bis 1908 durch Deutschland eingestanden. Beide sind lange her und werden noch heute immer wieder angezweifelt. Doch keiner spricht vom *Genozid an den slawischen „Untermenschen"* durch die Nazis während des Zweiten Weltkriegs.

Mit der Ratifizierung der Konvention verpflichten sich die Mitgliedstaaten der Vereinten Nationen, das Verbrechen des Völkermordes zu verhüten und zu bestrafen. Zweifelsohne gelang den Vereinten Nationen in ihren Gründungsjahren mit dem Übereinkommen ein historischer Erfolg. Auch hier ist mehr als ein Anfang gemacht.

3 Kulturentwicklung für das Projekt Frieden

> *Laßt uns das tausendmal Gesagte immer wieder sagen, damit es nicht einmal zu wenig gesagt wurde! Laßt uns die Warnungen erneuern, und wenn sie schon wie Asche im Mund sind!*
>
> Bertolt Brecht[201]

Die Menschheit sehnt sich nach Frieden seit „Menschengedenken", seit es Kriege gibt. Haben wir Menschen daraus nichts gelernt? Der Bibelspruch des verzweifelten Jeremia beginnt: „Denn sie geizen allesamt, klein und groß; und beide, Propheten und Priester, gehen allesamt mit Lügen um und trösten mein Volk in seinem Unglück, daß sie es gering achten sollen, und sagen: ‚Friede! Friede!', und ist doch nicht Friede."[202]

Das Buch Jesaja 2,4[203] ist voller Hoffnung: „Da werden sie ihre Schwerter zu Pflugscharen und ihre Spieße zu Sicheln machen. Denn

---

[201] Brecht 1975.
[202] Jeremia 6,13–14, bibeltext.com/jeremiah/6-13.htm (22. 1. 2021).
[203] Siehe bibeltext.com/isaiah/2-4.htm (22. 1. 2021).

es wird kein Volk gegen das andere ein Schwert aufheben, und werden
hinfort nicht mehr kriegen lernen." Weiser Jesaja! Ich habe es bisher
nicht erlebt, und ich kann mir auch nicht vorstellen, dass Waffen *und*
Kriegskunst entwickelt werden, um sie *nicht* einzusetzen. Erlebt habe
ich aber, dass nicht der Zweck die Mittel heiligt, sondern die kriegerischen Mittel einen Zweck benötigen, und sei er auch erlogen wie die
Massenvernichtungswaffen im Irak 2003.[204]

Seit 1960 gab es die Ostermärsche gegen Atomkrieg in Westdeutsch-
land. Es dauerte zwei Jahrzehnte, bis das in der DDR möglich wurde.
Am 25. Januar 1982 brachten der Pfarrer[205] Rainer Eppelmann und Robert Havemann, Chemiker und SED-Kritiker, den „Berliner Appell" mit
dem Titel *Frieden schaffen ohne Waffen* unter DDR-kritischen Bürgern
in Umlauf: „Es kann in Europa nur noch einen Krieg geben, den Atomkrieg. Die in Ost und West angehäuften Waffen werden uns nicht
schützen, sondern vernichten", heißt es dort. Und weiter:

> Wir schlagen vor, in einer Atmosphäre der Toleranz und der An-
> erkennung des Rechts auf freie Meinungsäußerung die große Aus-
> sprache über die Frage des Friedens zu führen, und jede spontane
> Bekundung des Friedenswillens in der Öffentlichkeit zu billigen und
> zu fördern.[206]

Dieser klare Satz gilt noch heute. Allen Protesten zum Trotz begann die
Nato – wie im *Doppelbeschluss* vorgesehen – 1983 mit der Stationie-
rung der Marschflugkörper und Mittelstreckenraketen auf deutschem
Boden: amerikanische Pershing II kontra sowjetische SS-20. Am 24. September 1983 schmiedete der *Schmied Stefan Nau* in Wittenberg in aller Öffentlichkeit ein *Schwert zu einem Pflugmesser* um.[207] Das Bild des
Schmiedes ging um die Welt. Die Raketen wurden nicht eingesetzt, dem
Schmied wurde von den Behörden in der DDR das Leben schwer gemacht, er musste das Land verlassen. Aber die Friedensbewegung war
nicht mehr aufzuhalten.

---

[204] Näheres siehe www.lpb-bw.de/irak-konflikt (22.1.2021).
[205] Und spätere Abrüstungsminister der DDR.
[206] Deutschlandfunk 2012.
[207] www.jugendopposition.de/node/150390?guid=2163 (22.1.2021).

So kämpft die Menschheit um Frieden zwischen Sehnsucht, Hoffen, Bangen und Verzweifeln, aber auch mit viel Ernst und Einsatz. Und sie ist weit damit gekommen. Es gibt – neben Haager Gerichtshof, Uno und Atomwaffensperrvertrag – nationale und internationale Friedensforschungsinstitute, Studiengänge zur internationalen Friedens- und Konfliktforschung als politikwissenschaftliche Teildisziplin und zur Analyse und Auswertung internationaler politischer Konflikte, und es gibt die soziopsychologische Konfliktforschung. Es gibt Tausende und Abertausende wissenschaftliche Arbeiten zu diesen Themen.

Das sind Erfolge. Immer noch unvollendet, immer gefährdet, da kann ich mich nicht zurücklehnen. Das ist vielleicht der größte Erfolg: Die *Zivilgesellschaft* ist wach und engagiert. Für mich von großer Bedeutung sind die IPPNW[208]. Die Vereinigung wurde 1980 gegründet und erhielt 1985 den Friedensnobelpreis. Ich gehörte der ostdeutschen Sektion bis 1989 an, bin erst vor einem Jahr zur Regionalgruppe Berlin gestoßen und habe voller Hochachtung deren Engagement wahrgenommen: Arbeit, Sachkenntnis, Einfallsreichtum, Verlass, Freundlichkeit und – viel Freude.

Das alles ist Kultur. Kultur so verstanden arbeitet gegen den Krieg. Und so möchte ich die Schlussworte Freuds aus dem einleitend genannten Brief an Albert Einstein auch verstehen: „Alles, was die Kulturentwicklung fördert, arbeitet auch gegen den Krieg."[209]

Psychoanalyse und Gruppenanalyse sind Teil der Kulturentwicklung. Da sie sich auch mit unbewussten emotionalen Prozessen befassen, können sie manche psychosozialen Zusammenhänge von Verführung und Verführbarkeit zum Krieg aufdecken. *Der Weg zum Frieden ist offensichtlich sehr von Gefühlen abhängig.* Wissen, Wille und Moral allein haben nichts genützt.

Wir sind im Jahr 2020. Während ich schreibe, toben sich die Coronaviren pandemisch aus. Hilflosigkeit und Wut breiten sich aus, aber auch erstaunlich viel Mitgefühl und Solidarität, und das weltweit. Die Differenz zu der Situation in Kriegszeiten macht den Irrwitz von Krie-

---

[208] International Physicians for the Prevention of Nuclear War. In Deutschland: Internationale Ärzte für die Verhütung des Atomkrieges – Ärzte in sozialer Verantwortung e.V.

[209] S. Freud 1932, S. 27.

gen umso deutlicher: Dort bewirken *man-made Desasters* einen Sturz in die Soldatenmatrix mit dem Verlust jeglicher Mitmenschlichkeit. Das bedeutet für den Menschen viel psychisches und körperliches Leid. Eine ewig gleiche Conditio humana: Es geht den Menschen schlecht – und das ist menschengemacht.

Und hier komme ich noch einmal zu den Ponsonby'schen Strukturgesetzen der Kriegspropaganda. Ich finde sie auch deswegen wichtig, weil sie wie ein Seismograf Kriegsgefahr anzeigen. Der Krieg ist immer auch ein Propagandakrieg. Die Feinde werden dämonisiert, die eigenen Leute dagegen idealisiert: Belogen, betrogen und „verarscht" werden beide Seiten. Im Buch geht es mir vor allem um die eigenen Leute, die zu oft auf „Heldentum" oder „Verteidigung von Recht und Freiheit" hereingefallen sind und für diese Lügen ihr Leben gelassen haben. Misstrauen gegen solche Art Heldentum kann lebensrettend sein. Für die Früherkennung von Spaltungen, Vorurteilen und Feindbildern sind die Ponsonby'schen Strukturgesetze und die psychoanalytische Lehre von der Abwehr der Realitätswahrnehmung anwendungsbereite Instrumente.

Die *Kulturen der Welt* stoßen aufeinander, mehr denn je. Wie umgehen mit verschiedenen Göttern, die keine anderen Götter neben sich dulden? Wie rasch droht die Primitivlösung Krieg! Es ist aber eine Aufgabe der Kultur, aus religiöser, ethnischer, nationaler, sozialer Enge herauszuführen – Edukation in Vielfalt, heraus aus totalisierender Enge. *Diversität und Toleranz kontra Totalität* sind Ideale der Gruppenanalyse und der Demokratie. Transkulturelle Begegnung bewegt sich zwischen Faszination, Angst, den alltäglichen Mühen der Toleranz und vielfältigen Vorurteilen. Dabei sollten „kulturelle Differenzen nicht überbewertet, Machtunterschiede nicht unterbewertet und migrationsbedingte, strukturelle Hintergründe nicht ignoriert werden", empfehlen die Kollegen aus der Gesellschaft für transkulturelle Psychiatrie.[210] Die *Überbewertung der kulturellen Unterschiede, die „Ethnisierung"* kann unüberwindliche Barrieren aufbauen, die bis ins Rassistische führen können. Auf der notwendigen Suche nach Gemeinsamkeiten hat mir der Apho-

---

[210] Auf der Website des Dachverbands der transkulturellen Psychiatrie, Psychotherapie und Psychosomatik DTPPP, www.dtppp.com/fragen-und-antworten/wie-arbeiten-wir (22. 1. 2021).

rismus meines Schweizer Kollegen, des Gruppendynamikers Jacob Huber geholfen: „Der Bergbauer aus dem Emmental versteht den Bergbau-
ern aus dem Nepal besser als den Banker aus Zürich."

Streitkultur ist für sich genommen ein Wert. Unter dem Einfluss der
öffentlichen Diskussion aber kann sie entgleisen – in einen hegemonia-
len Diskurs einerseits und die beschriebene Marginalisierung andererseits, fast wie auf Knopfdruck. Und zwar immer dort, wo mit ängst-
lichen und angstmachenden oder anderen affektualisierenden Übert-
reibungen gearbeitet wird bis hin zu bösartigen geplanten Polarisie-
rungen, und wo diese Diskurse auf Ängstliche treffen, die sich wil-
lig in die „Filterblasen" zurückziehen, weil sie hier nur auf die eigene
Meinung stoßen, nie mit der gegenteiligen konfrontiert, immer nur
bestätigt werden.[211] „Filterblasen" stehen dem Traum von weltweiter of-
fener Kommunikation entgegen. So wird die kontroverse Diskussion eines Themas, der dringend erforderliche Perspektivwechsel unmöglich.
Das führt zu Blockdenken, verschiedenen Erinnerungskulturen, verschiedenen Kommunikationsmilieus und vielen kleinen Totalitarismen.
Die Hoffnung, die modernen „sozialen" Medien, das Internet, gestatten
wirklich endlich absolute Freiheit aller Meinungen, musste – bei allen
wunderbaren selbstorganisatorischen Entwicklungen – enttäuscht werden: *Freiheit braucht Rahmen.*

Zum Schluss komme ich noch einmal auf die Matrix zurück, das
Beziehungsnetz, aus dem wir kommen und in dem wir leben. Ohne *Matrix* gäbe es uns Menschen nicht. In ihr sind Mitgefühl, Solidarität, Liebe
und Kultur, aber wir können auch als Teil der „Horde" in ihr gefesselt
sein. Dabei spielen emotionale, zu großen Teilen unbewusst bleibende
Prozesse eine große Rolle. Das ist gesichertes Wissen. Zu uns in der Matrix gehört auch die *Veranlagung, in Schwarz-Weiß, Gut-Böse zu spalten,*
wenn wir in Affekt geraten. Das wird bei der Kriegsvorbereitung ausge-
nutzt. Auch deswegen ist es wichtig, aufeinander achtzugeben.

Wenn wir nun dem Matrixgedanken folgen, wird uns nicht nur bewusst, wie sehr wir aufeinander angewiesen sind, sondern es gelingt
uns auch *mitzufühlen*, ob fern, ob nah. Das macht einen radikalen Per-

---

[211] Ein Phänomen, das die Kognitionspsychologen *confirmation bias*, Bestätigungsfeh-
ler, nennen – die Neigung des Menschen, bevorzugt jene Informationen zu wählen und
zu interpretieren, die die eigenen Erwartungen bestätigen –, wird durch Filterblasen
nur unheilvoll verstärkt.

spektivwechsel möglich, auch im Hinblick zu unseren Feinden. Dabei geht es nicht um Verzeihen, sondern um Verstehen, Ergründen und Verändern – oder auch um Bekämpfen.

Das alles – und viel mehr – hat die Menschheit bis hierher über sich gelernt. Aber nichts ist sicher, wie die Katastrophen des 20. Jahrhunderts belegen. Lasst uns mit Intelligenz und Gefühl weiter Gefahrenstellen untersuchen, in die Menschen geraten können. Das wäre für mich ein vom Prinzip Hoffnung gespeistes Projekt Frieden.

Weitermachen!

Eingangs hatte ich darüber nachgedacht, ob das Gebot „Du sollst nicht töten" nicht zum rigorosen Grundgesetz jeder Kultur erhoben werden sollte. Dann gäbe es überhaupt keine Begründung mehr für einen Krieg, denn in einem Krieg wird getötet. Meine Klage, wie sinnlos dieses Töten ist, durchzieht das ganze Buch. Deswegen hatte ich zunächst auch den Titel „Totengebet" erwogen. Aber dazu mischt sich in meine Trauer zu viel *Zorn*, und ich weiß inzwischen von zu vielen Machenschaften der Seelen der Menschen, ihren Unzulänglichkeiten und ihren irrwitzigen Gefährdungen, Kriege für sinnvoll zu halten. Dieses Wissen wollte ich weitergeben.

Erst fünfzig Jahre nach dem Zweiten Weltkrieg begannen die Kriegskinder, sich darüber klar zu werden, wieviel Einfluss dieser Krieg auf ihr Seelenleben hatte und auf das ihrer Kinder und Kindeskinder. Seitdem hat mich, der ich auch ein Kriegskind und Zeitzeuge bin, dieses Thema nicht mehr losgelassen. Damals kamen immer mehr Patienten in unser psychotherapeutisches Institut und in meine Praxis, deren Leiden ohne die Vorgeschichte Krieg nicht zu verstehen waren.

Mir liegt daran, die Haltung und das Wissen der zeitgenössischen Psychoanalyse und Gruppenanalyse als Wissenschaft vom Menschen zu verbreiten. Die Psychoanalyse hat sich seit der Nazizeit und dem Zweiten Weltkrieg verändert. Die Traumatheorie hat die Psychoanalyse Demut gelehrt. So wie das *Trauma von außen* den Menschen in seinen *äußeren und inneren Beziehungssystemen* überwältigt, so wird Traumatherapie nicht auskommen ohne die Erkundung der historischen Tatsachen, um die Leiden des Analysanden *und* des Analytikers zu ergründen. Damit eröffnen sich Möglichkeitsräume, und die Gespenster der Vergangenheit können zu Bewusstsein kommen.

Wir Psychoanalytiker erhalten die Auskünfte über Deformationen der Kultur durch die Lebens- und Leidensgeschichten der Menschen, die unsere Hilfe suchen. Diese Menschen zu Wort kommen zu lassen und sie zu verstehen – das ist die Domäne der Psychoanalyse. Daraus Kulturkritik abzuleiten, sehe ich als eine ihrer Aufgaben.

Auch bin ich es mir selbst schuldig, das Wort zu ergreifen. Ich kann es schon lange nicht mehr ertragen, dass durch Kriege, die angeblich Demokratie exportieren sollen, Menschen zu Mördern werden. Ich denke an verwaiste Kinder, an entmenschte Opfer, an Sinnlosigkeit, Arroganz, Verlogenheit. Ohne *Empörung* finde ich keinen Weg zu *Mitgefühl* und Solidarität mit uns, dem nicht perfekten Wesen Mensch.

„*Weitermachen*" steht auf dem Grabstein Herbert Marcuses auf dem Dorotheenstädtischen Friedhof in Berlin-Mitte. Und es sind viele, die im Sinne des Projekts Frieden weitermachen.

Der Dank

Mein Dank geht zuallererst an meine Patienten, die mir so viel anvertraut haben, dass ich sie und mich besser verstehen und ihnen und mir weiterhelfen konnte. Besonders danke ich Wera, Karl, Susanne, Dagmar, Ruth, Ronja, Katja und Wanda. Sie haben mir erlaubt, ihre Geschichten in dieser chiffrierten Form zu veröffentlichen, wohlwissend, dass dadurch wieder manche Schmerzgrenze berührt wird. Im Grunde haben diese Menschen in mir den Keim zu dem Buch gelegt.

Für die Möglichkeit, das Thema wissenschaftlich innerhalb des analytischen Instituts APB zu diskutieren, danke ich besonders meinem Freund und Kollegen Michael Froese, auf den die wissenschaftliche Arbeitsgruppe des Instituts zurückgeht, in der diese Diskussionen so frei und persönlich möglich wurden. Das hat mich auch ermutigt, darüber zu veröffentlichen.

Subjektivität und Individualität sind hohe beschützenswerte menschliche Güter. Wenn aber Individualität zur Allmächtigkeit verunglückt und jede Art von Angewiesensein auf die Mitmenschen missachtet wird, entsteht eine „defensive Grandiosität". So nennt Chris Jaenicke dieses Verhängnis. Ihm danke ich für die Anregungen aus der intersubjektiven Psychoanalyse. Wer diese zwischenmenschlichen Kräfte nicht kennt oder unterschätzt, ist ihnen ausgeliefert. Diese Überlegungen passen gut zu den Weiterentwicklungen des gruppenanalytischen Konzeptes der Matrix, wie sie Robi Friedman aufspürt. Sein Entwurf der „Soldatenmatrix" hat mich in diesem Buch entscheidend angeregt.

Mea res agitur: Das Buch ist mir eine Herzensangelegenheit und ich bin im Zusammenhang mit dem Buch verletzbar. Deswegen war ich heilfroh, die Lektorin Claudia Kühne getroffen zu haben, die mich gut verstanden hat. Mit ihr konnte ich „intersubjektiv" zusammenarbeiten.

Sie hat die Übersicht bei den potenziell kränkenden editorischen Mühen behalten. Danke, Claudia!

Der Mattes Verlag war bereit, das Buch herauszubringen. Das ist nicht selbstverständlich, ja mutig, und dafür danke ich Kurt Mattes sehr herzlich.

Bei einem so emotionalen Thema brauchte ich Beistand beim Wortwerden der Sprachlosigkeit und bei der Angemessenheit der Sprache, auch bei der Einordnung oft so entsetzlicher Fakten. Du hast darauf geachtet, dass der Ton nicht zu brutal oder zu hoch werde, und warst geduldig, denn das Projekt ging über Jahre: Danke, Gundel!

Literatur

AG Friedensforschung (o. D.) „Lili Marleen' und das Liedgut der Bundeswehr", www.ag-friedensforschung.de/themen/Bundeswehr/lieder.html (26. 8. 2020).

Aly, Götz (2016a) „1941: Deutsche von Polen beobachtet", in: *Berliner Zeitung* vom 6. 9. 2016.

Aly, Götz (2016b) „1941: ‚Leningrad muss verhungern!'", in: *Berliner Zeitung* vom 13. 9. 2016.

Aly, Götz (2020) „Corona, CureVac und der Triebtäter Donald Trump", in: *Berliner Zeitung* vom 17. 3. 2020.

Améry, Jean (1977) *Jenseits von Schuld und Sühne. Bewältigungsversuche eines Überwältigten.* Stuttgart: Klett-Cotta.

Apel, Hans, Bundesminister der Verteidigung (1982) „Richtlinien zum Traditionsverständnis und zur Traditionspflege in der Bundeswehr", in: *NDR*, www.ndr.de/nachrichten/info/sendungen/streitkraefte_und_strategien/ traditionserlass120.pdf (26. 8. 2020).

Bloch, Ernst (1959/1987) *Freiheit und Ordnung, Abriss der Sozialutopien.* Leipzig: Reclam.

Blos, Peter (1973) *Adoleszenz – eine psychoanalytische Interpretation.* Stuttgart: Klett-Cotta.

Bode, Sabine (2004) *Die vergessene Generation. Die Kriegskinder brechen ihr Schweigen.* Stuttgart: Klett-Cotta.

Bode, Sabine (2009) *Kriegsenkel. Die Erben der vergessenen Generation.* Stuttgart: Klett-Cotta.

Bogosavljević, Srdjan und Winfried Woesler (Hg.) (2009) *Die deutsche Ballade im 20. Jahrhundert.* Jahrbuch für internationale Germanistik, Reihe A, Band 93, Bern, Berlin u. a.: Peter Lang Verlag.

Bohleber, Wolfgang (2000) „Die Entwicklung der Traumatheorie in der Psychoanalyse", in: *Psyche* 54 (9/10), 797–839.

Borchert, Wolfgang (1947) „Generation ohne Abschied", in: *Die Hundeblume. Erzählungen aus unseren Tagen.* Hamburg: Hamburgische Bücherei.

Boszormenyi-Nagy, Ivan und Geraldine M. Spark (1981) *Unsichtbare Bindungen. Die Dynamik familiärer Systeme.* Stuttgart: Klett-Cotta.

BPB Bundeszentrale für politische Bildung (2018) „Von der ‚Werkbank der Welt' zur Innovationswirtschaft", in: *Informationen zur politischen Bildung* Nr. 337/2018,
www.bpb.de/izpb/275570/von-der-werkbank-der-welt-zur-innovationswirtschaft (22.1.2021).

Brecht, Bertolt (1975) „Der aufhaltsame Aufstieg des Arturo Ui", in: *Brecht. Gesammelte Werke*, Bd. 3, Berlin und Weimar: Aufbau Verlag, 347–461.

Coburn, William J. (2009) *Attitudes in psychoanalytic complexity. An alternative to postmodernism in psychoanalysis.* New York: Routledge.

Dahms, Martin (2017) „Eine außergewöhnliche Verteidigungsministerin", in: *Stuttgarter Nachrichten* vom 10.4.2017,
www.stuttgarter-nachrichten.de/inhalt.carme-chac-n-ist-tot-eine-aussergewoehnliche-verteidigungsministerin.a6fd2ba6-54c9-4bdd-a7a1-8db7d1c208e6.html (21.1.2021).

DeMause, Lloyd (1991) „Der Golfkrieg als Wiedergeburtsneurose", in: *Die kulturelle Verarbeitung pränatalen und perinatalen Erlebens*, hrsg. von Ludwig Janus, Heidelberg: Textstudio Groß, 202–216.

Deutschlandfunk (2012) „Frieden schaffen ohne Waffen", Beitrag vom 25.1.2012,
www.deutschlandfunk.de/frieden-schaffen-ohne-waffen.871.de.html?dram:article_id=127589 (22.1.2021).

DPA (2020) „‚Kein Generalverdacht': Högl will sich mit Rechtsextremismus in der Truppe befassen", in: *Die Zeit* online vom 28.5.2020,
www.zeit.de/news/2020-05/28/hoegl-will-sich-mit-rechtsextremismus-in-der-truppe-befassen (31.8.2020).

DPA/MPW (2021) „Nahost: Deutsche Rüstungsexporte in Milliardenhöhe", in: *Berliner Zeitung* vom 3.1.2021.

Duden Recht A–Z (2015), Berlin: Bibliographisches Institut. Lizenzausgabe Bonn: Bundeszentrale für politische Bildung, www.bpb.de/nachschlagen/lexika/recht-a-z.

Erdheim, Mario (1982) *Die gesellschaftliche Produktion von Unbewusstheit.* Frankfurt a. M.: Suhrkamp.

Erdheim, Mario (2006) „Parentifizierung und Trauma", in: *Psychosozial* 103, 21–26.

Erpenbeck, Jenny (2007) *Heimsuchung.* Frankfurt a. M.: Eichborn Verlag.

Faimberg, Haydée (2009) *Teleskoping: Die intergenerationelle Weitergabe narzisstischer Bindungen.* Frankfurt a. M.: Brandes & Apsel.

Farkas, Martin (2017) *Über Leben in Demmin.* Dokumentarfilm, hrsg. von Bundeszentrale für politische Bildung: Edition Salzgeber.

Ferenczi, Sandor (1932/1939) „Sprachverwirrung zwischen den Erwachsenen und dem Kind", in: *Bausteine zur Psychoanalyse*, Bd. III. Bern: Huber.

Flacke, Monika (Hg.) (2005) *Mythen der Nationen 1945 – Arena der Erinnerungen.* Mainz: Zabern Verlag.

Foulkes, Siegmund H. (1964) *Therapeutic Group Analysis.* London: Karnac. (Deutsch 1992: *Gruppenanalytische Psychotherapie.* München: Pfeiffer.)

Foulkes, Siegmund H. (1948 [1983]) *Introduction to Group Analytic Psychotherapy.* London: Karnac.

Freud, Anna (1980/1987) *Die Schriften der Anna Freud*, Bd. 1. Frankfurt a. M.: Fischer Verlag.

Freud, Sigmund
- (1900) „Die Traumdeutung“, GW Bd. II/III.
- (1912–13) „Totem und Tabu“, GW IX.
- (1914) „Erinnern, Wiederholen und Durcharbeiten“, GW X, 125–136.
- (1917) „Eine Schwierigkeit der Psychoanalyse“, GW XII, 3–12.
- (1930): „Das Unbehagen in der Kultur“, GW XIV.
- (1932): „Warum Krieg?“, GW XVI.
- (1939) „Der Mann Moses und die monotheistische Religion“, GW XVI, 101–246.

Friedman, Robi
- (2007) „In der Gruppenanalyse heilen die Störungen einander – eine Beziehungsperspektive“, in: *Psychosozial 107. Die gruppenanalytische Perspektive*, Jg. 30, Heft 1, 57–76.
- (2014) „Group Analysis Today – Developments in Intersubjectivity“, in: *Group Analysis 47*, 194–200.
- (2015a) „A Soldiers' Matrix: A Group Analytic view of Societies in war“, in: *Group Analysis 48* (3), 239–257.
- (2015b) „Die Gruppe in der Soldaten-Matrix“, in: *Gruppenpsychotherapie und Gruppendynamik 51* (3), 191–205.

Hauptamt für Statistik (Hg.) (1949), *Berlin in Zahlen 1947.* Berlin: Berliner Kulturbuch-Verlag.

Heinsohn, Gunnar (2003) *Söhne und Weltmacht. Terror im Aufstieg und Fall der Nationen.* Zürich: Orell Füssli Verlag.

Held, Tilo (2014) „Child Survivors der Nazi-Verfolgung“, in: *Psyche 68*, 681–703.

Hirsch, Matthias (2005) „Über Vampirismus“, in: *Psyche 59*, 127–144.

Jaenicke, Chris (2006) *Das Risiko der Verbundenheit – Intersubjektivitätstheorie in der Praxis.* Stuttgart: Klett-Cotta.

Jähner, Harald (2019) *Wolfszeit. Deutschland und die Deutschen 1945– 1955.* Berlin: Rowohlt.

Janus, Ludwig (2008) *Menschheitsgeschichte als psychologischer Entwicklungsprozess.* Heidelberg: Mattes.

Kautsky, Luise (1929/1997) *Rosa Luxemburg. Ein Gedenkbuch.* Nachdruck Köln: Neuer ISP-Verlag.

Kleveman, Lutz C. (2017) *Lemberg. Die vergessene Mitte Europas.* Berlin: Aufbau Verlag.

Klingholz, Reiner (2004) „Machen junge Männer Krieg? Gunnar Heinsohns wilde Thesen – und eine Berliner Studie zur Weltbevölkerung", in: *Die Zeit* online vom 26. 2. 2004.

Koenen, Gerd (2010) *Was war der Kommunismus?* Göttingen: Vandenhoeck & Ruprecht.

Köpke, Jörg (2019a) „Der Generalverdacht", in: *Berliner Zeitung* vom 10.12. 2019.

Köpke, Jörg (2019b) „Rechte Kameraden", in: *Berliner Zeitung* vom 10. 9. 2019.

Komitee der Antifaschistischen Widerstandskämpfer der DDR (Hg.) (1957): *SS im Einsatz. Eine Dokumentation über die Verbrechen der der SS.* Berlin: Kongress-Verlag.

Krause, Rainer (2002) „Affektpsychologische Aspekte menschlicher Destruktivität", in: *Gewalt und Zivilstation*, hrsg. von Anne-Marie Schlösser und Alf Gerlach. Gießen: Psychosozial-Verlag, 47–57.

Laplanche, Jean und Jean-Bertrand Pontalis (1973) *Das Vokabular der Psychoanalyse.* Frankfurt a. M.: Suhrkamp.

Lenz, Susanne (2018) „Im Wald blühten Buschwindröschen", in: *Berliner Zeitung* vom 22. 3. 2018.

Leusink, Thomas (2014) „Kriegspropaganda", in: *Telegraph* 129/130, 48–63.

Lévi-Strauss, Claude (1972) *Primitive und Zivilisierte.* Zürich: Verlag der Arche.

Liebmann, Irina (2008) *Wäre es schön? Es wäre schön!* Berlin: Berlin Verlag.

Lohe/KNA (2020) „Wehrbeauftragte Högl für bewaffnete Bundeswehr-Drohnen", in: *FAZ* online vom 20. 10. 2020.

Masterson, James F. (1980) *Psychotherapie bei Borderline-Patienten.* Stuttgart: Klett-Cotta.

Meller, Harald u. a. (2015) *Krieg. Eine archäologische Spurensuche.* Halle: Landesmuseum für Vorgeschichte.

Mentzos, Stavros (2002) *Der Krieg und seine psychosozialen Funktionen.* Göttingen, Vandenhoeck & Ruprecht.

Nettling, Astrid (2012) „Vom Leben nach der Folter. Erinnerung an Jean Améry", in: *Deutschlandfunk* vom 14. 10. 2012, www.deutschlandfunk.de/vom-leben-nach-der-folter.1184.de.html?dram: article_id=224192 (2. 12. 2020).

Ponsonby, Arthur (1928/1940) *Falsehood in Wartime. Containing an Assortment of Lies Circulated Throughout the Nations During the Great War.* London: George Allen & Unwin.

Ponsonby, Arthur (1930) *Lügen in Kriegszeiten*, Berlin: Verlag Georg Stilke.

Popitz, Heinrich (1986) *Phänomene der Macht*. Tübingen: Mohr.

Raddatz, Fritz J. (2012) „Wer gefoltert wurde, bleibt gefoltert", in: *Welt* online vom 31. 10. 2012,
www.welt.de/kultur/literarischewelt/article110448981/Wer-gefoltert-wurde-bleibt-gefoltert.html (3. 12. 2020).

Radebold, Hartmut (2000) *Abwesende Väter*. Göttingen: Vandenhoeck & Ruprecht.

Rizzolatti, Giacomo und Corrado, Sinigaglia (2008) *Empathie und Spiegelneurone: Die biologische Basis des Mitgefühls*. Frankfurt a. M.: Suhrkamp.

Rorty, Richard (1992) *Kontingenz, Ironie, Solidarität*. Frankfurt a. M.: Suhrkamp.

Ruge, Wolfgang (2012) *Gelobtes Land. Meine Jahre in Stalins Sowjetunion*. Reinbek: Rowohlt.

Sagi-Schwartz, Avi et al. (2003) „Attachment and traumatic stress in female holocaust child survivors and their daughters", in: *American Journal of Psychiatry* 160, 1086–1092.

Sandler, Joseph u. a. (1986) *Psychisches Trauma. Ein psychoanalytisches Konzept in Theorie-Praxis-Zusammenhang*. Materialien aus dem Sigmund-Freud-Institut Frankfurt 5. Frankfurt a. M.: Sigmund-Freund-Institut.

Schlapobersky, John (2014) „Resonanz und Reziprozität in privaten und öffentlichen Beziehungen", in: *Gruppenpsychotherapie und Gruppendynamik* 50, 269–287.

Schmale, Holger (2020) „Abmarsch mit Hindernissen", in: *Berliner Zeitung* vom 3. 8. 2020.

Schwarberg, Günther (2005) „Inferno und Befreiung – Zwanzig Kinder erhängen dauert lange", in: *Die Zeit* online vom 6. April 2005,
www.zeit.de/2005/15/A-Kinder (20. 12. 2020).

Seidler, Christoph (2015) *Psychoanalyse & Gesellschaft*. Berlin: Edition Bodoni.

Seidler, Christoph und Gundel Seidler (2018) „Spuren des Krieges führen bis ins dritte Glied. Ist dann endlich Schluss?", in: *Gewalt und Trauma. Direkte und transgenerationale Folgen*, hrsg. von Heike Knoch, Winfried Kurth und Heinrich J. Reiß, Jahrbuch für psychohistorische Forschung, Bd. 19, Heidelberg: Mattes Verlag, 73–93.

Seidler, Christoph, Chris Jaenicke und Robi Friedman (2018) „Intersubjektivität als Common Ground. Eine Annäherung zwischen Matrix und intersubjektivem Feld", in: *Gruppenanalyse* 28, 3–31.

Seidler, Christoph und Robi Friedman (2021) *Über Beziehungen mit Autoritäten in der Gruppenanalyse*. In Vorbereitung.

Seidler, Christoph und J. Michael Froese (2006/2009) *Traumatisierungen in (Ost-) Deutschland*. Gießen: Psychosozial-Verlag.

Seidler, Gundel und Christoph (2019) *Liebeserklärung. Ein Paar erzählt Geschichte(n)*. Berlin: Edition Bodoni.

Seifert, Dirk (2013) „Die Atombombe kam aus Deutschland", Bericht vom RBB am 10. 5. 2013.

Snyder, Timothy D. (2011) *Bloodlands. Europa zwischen Hitler und Stalin*. München: C. H. Beck.

Stangl, Werner (2021) Eintrag „Deprivation", in: *Online Lexikon für Psychologie und Pädagogik*, lexikon.stangl.eu/88/deprivation (20. 12. 2020).

Stöckmann, Jochen (2004) „Anne Morelli: Die Prinzipien der Kriegspropaganda", in: *Deutschlandfunk* vom 6. 12. 2004, www.deutschlandfunk.de/anne-morelli-die-prinzipien-der-kriegspropaganda. 730.de.html?dram:article_id=102366 (26. 8. 2020).

Streit, Christian (1978) *Keine Kameraden. Die Wehrmacht und die sowjetischen Kriegsgefangenen 1941-1945*. Stuttgart: DVA.

Thum, Gregor (2003) *Die fremde Stadt Breslau, 1945*. München: Siedler Verlag.

Vargas Llosa, Mario (2019) *Der Ruf der Horde. Eine intellektuelle Autobiografie*. Berlin: Suhrkamp Verlag.

Vates, Daniela (2018) „Ein neuer Blick auf sechs Jahrzehnte Bundeswehrgeschichte", in: *Frankfurter Rundschau* vom 27. 3. 2018.

Vates, Daniela (2020) „Der Konflikt kommt bei der Bundeswehr an", in: *Berliner Zeitung* vom 20. 1. 2020.

Volkan, Vamik (1999) *Das Versagen der Diplomatie*. Gießen: Psychosozial-Verlag.

Volkan, Vamik (2001) „Transgenerational Transmissions and Chosen Traumas: An Aspect of Large Group Identity", in: *Group Analysis 34*, 79–97.

Widera, Thomas (2004) *Dresden 1945-1948. Politik und Gesellschaft unter sowjetischer Besatzungsherrschaft*. Göttingen: Vandenhoeck & Ruprecht.

Willems, Paul (2005) „Einverleibung eines invasiven Objektes", in: *Psyche 59*, 293–315.

Winnicott, Donald W. (1974) *Reifungsprozesse und fördernde Umwelt*. München: Kindler.

Einige Fallgeschichten wurden bereits in anderen Zusammenhängen publiziert: in C. Seidler 2015 die Fallgeschichten von Karl, Wera, Susanne, Dagmar und Ruth („Lange Schatten der Kriegskindheiten", 109–123) und von Ronja („Die Wende als Befreiung", 156–173); in C. und G. Seidler 2018 die Fallgeschichten von Katja und Wanda.